Espiritismo e Nova Era

MARCELO CAMURÇA

Espiritismo e Nova Era

Interpelações ao Cristianismo Histórico

EDITORA
SANTUÁRIO

Cultura e Religião

Direção editorial:
Pe. Marcelo C. Araújo, C.Ss.R.

Copidesque:
Leila Cristina Dinis Fernandes

Editor:
Avelino Grassi

Revisão:
Cristina Nunes

Coordenação editorial:
Ana Lúcia de Castro Leite

Diagramação e Capa:
Bruno Olivoro

Coordenador da Coleção: Rodrigo Portella

Cultura e Religião

Dados Internacionais de Catalogação na Publicação (CIP)
(Câmara Brasileira do Livro, SP, Brasil)

Camurça, Marcelo
Espiritismo e Nova Era: interpelações ao cristianismo histórico/ Marcelo Camurça. - Aparecida, SP: Editora Santuário, 2014. -.(Cultura e religião)

Bibliografia.
ISBN 978-85-369-0339-2

1. Espiritismo 2. Igreja Católica 3. Reencarnação 4. Ressurreição I. Título.II. Série.

14-01136 CDD-200

Índices para catálogo sistemático:
1. Religião

Composição, CTcP, impressão e acabamento:
EDITORA SANTUÁRIO - Rua Padre Claro Monteiro, 342
12570-000 - Aparecida-SP - Fone: (12) 3104-2000

Sumário

Introdução

Ao longo destes últimos séculos pode-se constatar uma dinâmica na qual certas religiosidades e doutrinas acercaram-se do Cristianismo/Catolicismo, inspirando-se e recebendo influências deste em suas configurações. Dentro de um amplo processo histórico, social e cultural, houve empréstimos mútuos entre o Cristianismo histórico e essas doutrinas, realizados – nas bordas e a despeito dos esforços disciplinadores das Igrejas institucionalizadas – pela ação de grupos de crentes que frequentavam de uma forma combinada ambos os credos.

O Espiritismo kardecista, doutrina e prática espiritualista surgida em meados do século XIX, numa combinação da perspectiva cientificista evolucionista imperante na época com uma religiosidade de cunho individualista também em voga, de acordo com sua extração ocidental, vai escolher o Cristianismo como fonte moral e ética para a constituição da nova doutrina.

Dentro de sua concepção evolucionista, o Espiritismo considera-se a "terceira revelação" completiva em relação ao Judaísmo e ao Cristianismo histórico, e nesse sentido proporá uma reinterpretação do episódio Crístico em um "Evangelho segundo o Espiritismo". Isto sem dúvida vai levar a uma reação da Igreja Católica contra o que vão considerar uma "heresia", que tem sua expressão maior no "Auto de Fé de Barcelona", quando o Tribunal do Santo Ofício manda queimar em praça pública as obras doutrinárias do codificador da Doutrina, Allan Kardec.

O conflito religioso entre um Catolicismo consolidado na história e na cultura do Ocidente e uma nova doutrina que irrompe dentro dos marcos da modernidade, exercendo foros de crítica a essa religião tradicional, vai estender-se da Europa ao Brasil. Aqui então, desde o final do século XIX, instaura-se uma polêmica entre bispos e clérigos, de um lado, e intelectuais espíritas, de outro, que só vai arrefecer com o advento do Concílio Vaticano II, que orienta a Igreja católica para uma convivência pacífica com as demais religiões.

Quanto à religiosidade difusa alcunhada de "Nova Era", que eclodiu entre as camadas médias das sociedades ocidentais no final do século XX, fruto da "crise de sentido" da modernidade, esta também se encontra em tensão com a instituição Igreja católica, porém em combinação com as práticas religiosas de muitos católicos.

Neste sentido, tem-se dentro da Igreja católica o temor de que essas práticas e crenças muito difundidas, de cunho "orientalizante", como ioga, meditação, zen, tarô etc., assim como o uso de cristais, pirâmides, florais, cercados de uma mentalidade "neoesotérica" da crença nos contatos com extraterrestres, na projeção da alma para fora do corpo, na reencarnação etc., possam desvirtuar o cerne da fé católica. Ora acusada de satanismo, ora de paganismo, ora de superstição ou alienação, foi colocada numa situação de "cerco", tanto por setores tradicionais da hierarquia católica, quanto pelos membros da Renovação Carismática – que por um lado se assemelham à Nova Era em sua postura de trazer o mágico e o místico para a modernidade dentro de uma perspectiva individualizante – e até por setores ligados à "Teologia da Libertação". No entanto, não há como negar que o fenômeno vem ganhando expressão, mesmo quando sofisticado pelo recurso à ecologia e à mística, na conformação do paradigma "holista", abraçado pelas formulações de um Leonardo Boff. De outro lado, também os *new agers*, como os espíritas do século XIX, fazem carga contra a Igreja católica, classificando-a de formalista, burocratizada, enredada nas questões do poder; muito embora muitos de seus praticantes estejam imersos na simbólica e ritualística católica, como, por exemplo, Paulo Coelho.

Ao contrário de uma literatura apologética – proveniente dos contendores destas controvérsias – ou de uma visão simplista que visa conciliar sem maiores problemas contextos históricos e culturais distintos – expressão de outra literatura de "autoajuda espiritual" –, este livro reúne textos que procuram examinar as dimensões e implicações históricas, sociais, culturais e simbólicas que produziram os intercruzamentos e os processos sincréticos, assim como as posturas de demarcação de fronteiras e de desqualificação mútuas entre as referidas religiosidades espírita e *new age* e o Cristianismo/Catolicismo.

A partir da formulação dos teólogos canadenses Bergeron, Bouchard e Pelletier, trazemos à categoria de "interpelações mútuas", como forma de revelar para além das opacidades e barreiras que tornam estanques as realidades em questão, toda uma gama complexa de implicações que envolvem e interconectam (positiva e negativamente) essas mesmas realidades. Enfim, como forma de análise, procuramos investigar em que sentido o Cristianismo/Catolicismo *interpela* essas doutrinas/espiritualidades e que consequências geram em sua autoimagem e desenvolvimento. E da mesma forma de que modo o Espiritismo e a Nova Era *interpelam* o Cristianismo histórico e o Catolicismo em sua autoconstituição e reprodução.

No bloco dos capítulos sobre a relação entre Espiritismo e Catolicismo, o primeiro capítulo *"Diálogo e comparação entre os conceitos de ressurreição e reencarnação no Catolicismo e Espiritismo"* explora as possibilidades e impossibilidades de diálogo entre as concepções de reencarnação e ressurreição, crenças basilares do Espiritismo e do Cristianismo/Catolicismo e as múltiplas composições e arranjos realizados pelos membros dessas religiões.

O segundo capítulo *"A modernidade do Espiritismo ante o tradicionalismo católico nas primeiras décadas do século XX em Juiz de Fora"*, um estudo de cunho histórico e situado no "tradicional catolicismo mineiro" focado na cidade de Juiz de Fora, procura compreender os distintos mecanismos usados, de um lado, pela religião majoritária no Brasil e, de outro lado, por uma religiosidade que irrompia no país, no sentido de manutenção de sua hegemonia no caso do primeiro e, no caso do segundo, de busca por legitimação.

O terceiro capítulo *"A Carta Pastoral de Dom Justino e o 'Juramento de fidelidade à Igreja': Instrumentos de controle dos católicos e de combate ao Espiritismo"* examina, dentro do contexto histórico da "romanização", o expediente da Carta Pastoral, expressão maior da autoridade do bispo na hierarquia da Igreja Católica face à influência do Espiritismo kardecista entre praticantes católicos numa situação de crescente pluralismo religioso.

Por fim, o quarto capítulo *"Competição Religiosa entre Catolicismo e Espiritismo através de suas obras sociais na cidade de Juiz de Fora"* visa discutir como o conceito cristão de *caridade*, central no Catolicismo e no Espiritismo kardecista, passa a ser utilizado como mecanismo de desqualificação e legitimação no processo de competição religiosa entre as duas religiões. Enfocando também a cidade de Juiz de Fora, situa uma série de iniciativas do Catolicismo e Espiritismo na constituição de obras filantrópicas, em que o primeiro buscava a manutenção de seu monopólio e o segundo, legitimação frente à sociedade.

No bloco dos capítulos sobre a relação da Nova Era com o Cristianismo histórico/Catolicismo, o quinto capítulo *"A Nova Era e o Cristianismo Histórico"* procura mostrar os perfis das matrizes cristã e *new age*, suas críticas mútuas e as possibilidades de interlocução.

O sexto capítulo *"A Nova Era diante do Cristianismo Histórico: interlocutor ou objeto de estudo?"* examina o crescente interesse dos teólogos e membros da hierarquia católica para com o fenômeno religioso da "Nova Era", para o qual chamam o concurso de intelectuais e pesquisadores acadêmicos do tema da religião. No entanto, para a instituição eclesial católica essas "novas espiritualidades" não possuem o estatuto de uma religião com quem se possa dialogar, mas de um "objeto de estudo" a quem cabe decifrar o significado.

O sétimo capítulo *"A influência da Nova Era na Igreja Católica e o Holismo da Teologia de Leonardo Boff e Frei Betto"* pretende demonstrar a influência na nova forma de religiosidade *New Age* na Igreja Católica, assim como a contraofensiva, seja da estrutura hierárquica da Igreja, seja das pastorais populares e da "Teologia da Libertação", na perspectiva de se diferenciar, isolar e afastar essa influência dos marcos do Catolicismo. Por outro lado, constata dentro da mesma Igreja iniciativas de interlocução com a espiritualidade *new age*. As recentes experimentações teológicas de Leonardo Boff e Frei Betto são a expressão mais visível desse diálogo.

E como último capítulo *"Devoções Católicas na Pós-Modernidade: das romarias e santuários ao turismo religioso, marketing religioso e altares virtuais"*, que trata das transformações que ocorreram nos últimos anos nas práticas devocionais do Catolicismo fruto da influência da cultura pós-moderna em que está imersa as novas religiosidades como o *new age*.

Este livro aborda um assunto polêmico, que foi tratado, de um lado, por uma perspectiva intolerante e dogmática e, de outro, de uma forma ingênua e pouco rigorosa. Para fugir a esses impasses, buscamos estabelecer nos capítulos que se seguem, dentro da perspectiva das *Ciências Sociais da Religião* e com base no que os teólogos canadenses chamaram de "interpelações recíprocas": equivalências, homologias e até porosidades e empréstimos, assim como equidistâncias, assimetrias e incomensurabilidades entre o Cristianismo e seus antagonistas/interlocutores Espiritismo e Nova Era. Nessa direção, realizamos experimentos estabelecendo *polaridades* entre as noções de *Ressurreição* e *Reencarnação*, no caso do Cristianismo e Espiritismo, e de *Histórico* e *Cósmico*, no caso do Cristianismo e Nova Era, ou ainda de *Matriz* e *Recriações*, no caso do Cristianismo face ao Espiritismo e à Nova Era.

É fato que alguns capítulos deram uma ênfase maior às discussões sobre o sentido/significação que se desprendem das configurações religiosas em questão e sobre a perspectiva hermenêutica para interpretá-las. Outros capítulos focaram mais as determinações históricas e sociais do fenômeno e o empreendimento para detectar as estruturas e os interesses imanentes em jogo. Também alguns capítulos têm uma abordagem mais generalista, configurando-se mais em ensaios teóricos sobre o tema e outros um enfoque mais particularista e empírico, centrando-se na cidade de Juiz de Fora, Minas Gerais, onde se encontra a Universidade e o Programa de Pós-Graduação em Ciência da Religião, onde lecionamos e pesquisamos.

A resultante disso é uma abordagem na interface das *Ciências Sociais* com as *Ciências da Religião*, com suas respectivas tensões e rendimentos. Caberá ao leitor julgar o êxito deste nosso empreendimento.

Marcelo Camurça

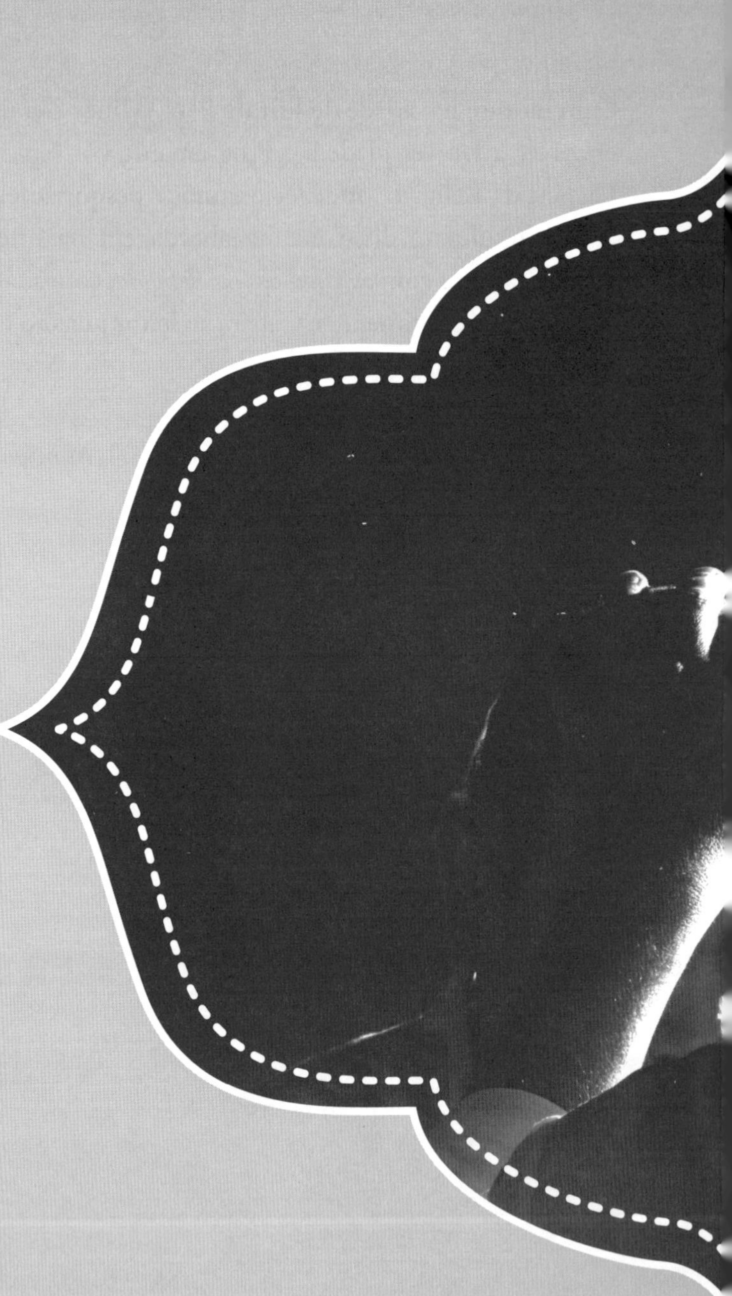

1

Diálogo e comparação entre os conceitos de ressureição e reencarnação no Catolicismo e Espiritismo[1]

As doutrinas religiosas e teologias têm funcionado ao longo da história das culturas enquanto chaves que julgam explicar e elucidar o transcendente e o inefável. Porém, cada interpretação crê ter decifrado a verdade da revelação e, por consequência, imputa às demais foros de falsidade. Se a existência desta multiplicidade de "verdades" (criando escolas e tradições teológicas), por um lado, tem demonstrado que diante do insondável não existe uma só tradução, por outro, confrontou esta diversidade em cismas, condenações e "guerras santas" que visavam banir umas às outras.

Nesta primeira década do novo milênio, quando parece surgir uma disposição para o diálogo e o encontro das religiões, procuramos trazer aqui um cotejo entre duas tradições espirituais que se forjaram em nosso país, enquanto fonte de

[1] O capítulo 1 é a versão modificada do artigo "Entre a graça e a evolução: reflexões sobre o conceito de ressureição e reencarnação no catolicismo e espiritismo", publicado na *Revista Eclesiástica Brasileira (REB)*, fasc. 250, julho de 1998, p. 385-402.

sentido, comportamento e organização da vida para significativos segmentos sociais. De uma hostilidade aberta, até a primeira metade de nosso século, a uma atual indiferença e estranhamento brando, *Catolicismo* e *Espiritismo* ainda não se interessaram por um diálogo, embora muitos de seus adeptos venham fazendo "pela base" as "pontes" entre as duas doutrinas, como parte de sua vivência religiosa particular.

Portanto a reflexão que trazemos busca colocar, face a face, uma comunidade de postulados das duas cosmovisões em torno do tema "vida além da morte". Deste modo, almeja-se provocar, ao lado dos impasses consequentes (mas desafiadores e instigantes, se quisermos pensar as diferenças não nos termos da oposição: verdade x falsidade), possibilidades de comparação entre o Espiritismo, um "neoespiritualismo cristão" surgido no bojo da modernidade com seu discurso cientificista de "leis" evolutivas, e o Catolicismo, um cristianismo tradicional marcado pelo denso discurso da metafísica que se confunde com a formação do próprio pensamento filosófico ocidental.

Sugerimos estar na *interpretação do Evangelho* o ponto basilar para essa comparação, dispensando-se o aporte à "ciência" da chamada parapsicologia espiritualista, com a qual setores do Espiritismo pretendem provar as "evidências" da supremacia de sua doutrina e com a qual também setores católicos se agarram, de acordo com outra parapsicologia materialista, para reduzir os fenômenos ditos espirituais a sua fisicalidade (Hess, 1987: 42-48). Por este caminho também se terminaria restringindo o Espiritismo a condicionantes de cura e terapia, desconsiderando-se todo o seu lado "cristão", enquanto inspirador de um caminho de salvação.

Consideramos que a comparação e o diálogo deveriam partir das expressões salvíficas de cada doutrina, católica e espírita, que se centram respectivamente nas noções de *Graça* e *Evolução*. Nos dizeres de Van Rossum, a "abordagem religiosa" é a via mais fecunda para um "contato real" entre as duas tradições religiosas (Van Rossum, 1992: 68-76). Contato este que muitos daqueles que se sentiram tocados pelas duas religiões nas respostas a suas aflições e buscas de sentido para a vida já vêm fazendo, sem o pudor de um rigorismo doutrinário, mas com a "abertura da fé", para a qual "tudo é possível".

Intolerância

O advento do Espiritismo no Brasil, no final do século passado, foi marcado por um clima de tensão e antagonismo com o Catolicismo hegemônico. Este, de acordo com a orientação do Silabus Papal de 1864, condenava o modernismo e todo o seu corolário, que no Brasil se expressava no ideário recém-chegado da Europa, do positivismo, da maçonaria, assim como das doutrinas religiosas protestante e espírita. Considerado herético enquanto "desagregador da fé e da moral católica", este conjunto de crenças alternativo, de fato, ameaçava um holismo encompassador do Catolicismo Íbero-medieval que moldava várias formações sociais, dentre as quais a nossa, conforme poderemos ver nos capítulos 2 e 3 deste livro. Por sua vez, o Espiritismo, ao se introduzir no país, encontra numa fração das camadas médias e intelectualizadas urbanas o respaldo para desenvolver sua crítica anticlerical, antirritualística e antissacral do Catolicismo, colocando-se como fé "racional" e corpo conceitual "científico", que visava provar a "verdade" de sua cosmovisão em relação à transcendência. Nas palavras de Rogier Van Rossum, "o espiritismo brasileiro (...) sente-se a si mesmo como um sistema cientificamente válido, que busca provas cientificamente irrefutáveis da veracidade da manifestação de espíritos e suas mensagens" (1992: 70).

Desta forma, foi sob o signo do sectarismo que se deram as primeiras interações entre o Catolicismo majoritário segregador e um Espiritismo minoritário que se fechava no gueto da "fé raciocinada" e "científica". O espantoso desta guerra fundante é que a encontramos perdurando ainda em 1953, quando a Conferência Nacional dos Bispos do Brasil organiza uma "campanha nacional contra a heresia espírita" (Van Rossum, 1992: 79). Também a Federação Espírita Brasileira na década de 1960 replica, fazendo publicar uma literatura mediúnica, na qual "espíritos anticlericais", como o do "poeta português Guerra Junqueiro", destilam contra a Igreja Católica sua poesia ferina:

> a igreja estertorando as ânsias de agonia; cerrou apavorada o olhar para não ver; na treva despenhar-se o trono do poder! [...] Rainha destronada, impudica falsária; és a razão de ser da empresa funerária: Encomendando um corpo embolsas o dinheiro: O sacerdote é sempre o medianeiro; entre esse mundo e o Céu, entre o morto e o Senhor; Só vai ao paraíso o que é possuidor (Delgado, 1974: 60-61).

Todo o "diálogo" que se seguiu tomou a forma apologética de uma literatura polarizada de "réplicas" e "tréplicas" em torno de divergências, nas quais cada lado procurava mostrar a supremacia de sua doutrina e as inconsistências da outra. Para esta *gesta* doutrinária, cada campo mobilizou seus intelectuais de renome, como Boaventura Kloppenburg, do lado católico, e Deolindo Amorim, do lado espírita, entre outros. Mesmo um teólogo "do diálogo ecumênico" como Leonardo Boff não escapou à contaminação do clima de cruzada para confessar que, "embora não seja de nosso feitio brandir, apologeticamente, uma compreensão contra a outra", concluiu por ensarilhar armas para demonstrar as incongruências da perspectiva reencarnacionista. Desta forma, terminou por fazer coro ao teólogo "conservador" de sua Igreja, Kloppenburg, que segundo Boff realizou uma "brilhante refutação" da doutrina espírita (Boff, 1980: 161-166). É fato que este é um texto datado de Boff e que ele virá reexaminar sua posição para uma postura dialógica em relação ao tema da reencarnação, como poderemos ver no capítulo 7 do livro.

Interpretações e sincretismos

É interessante notar que, a despeito do clima de beligerância seguido de indiferença que marcaram as relações entre o Catolicismo e o Espiritismo enquanto instituições em nosso país, para muitos dos seguidores ou frequentadores das duas tradições não fazia problema transitar de um culto para outro, professar uma adesão a ambas as confissões, compatibilizando de uma forma pessoal questões antagônicas do ponto de vista teológico e doutrinário de cada campo. Os teólogos católicos João Batista Libânio e Maria Clara Bingemer, em seu trabalho *Escatologia Cristã*, sublinham a existência de "católicos com influência espírita" (1985: 202). E, de uma forma mais precisa, os cientistas políticos Luís Eduardo Soares e Leandro Piquet Carneiro, na análise de seu "survey" sobre religiosidade e comportamento político, detectaram "que 45,9% dos católicos [entrevistados] com frequência semanal (...) *acreditam ou declararam acreditar em reencarnação* – credo reconhecidamente não incluído na tradição doutrinária católica" (grifo nosso) (1992: 40).

Do lado do Espiritismo, também podemos constatar, entre frequentadores e "trabalhadores" (que colaboram nas tarefas dos Centros Espíritas), uma adesão a determinados ritos (sacramentos) católicos: como batismo, casamento e primeira comunhão, que dizem respeito a uma socialização no meio circundante dessas pessoas.

Incompreensões e imprecisões no apreciar o outro

De acordo com uma teologia pluralista do diálogo inter-religioso, se o esforço exegético sobre a transcendência for presidido por uma perspectiva de elucidação *unilateral* e não por uma postura aberta diante do mistério do "Deus sempre maior", não monopolizável e redutível a versões teológicas e doutrinárias, isto acarretará um fechamento a priori para um possível diálogo enriquecedor. Na busca por esse diálogo, diferentes religiões poderiam reconhecer em suas narrativas singulares uma *dimensão salvífica* comum que os animaria a uma espiritualidade da "unidade na diversidade". Notamos que, quando o acento repousa na *demarcação* que visa o *reforço* de seu polo de verdade e a *desqualificação* do outro, e não uma disposição antecipada de convergência, ocorrem muitas *incompreensões* e até *imprecisões* na forma de apreciar esse outro, provocando divisões desnecessárias, nas quais poderia haver confluência.

a. Incompreensões e imprecisões católicas acerca do Espiritismo

David S. Toolan, em sua abordagem sobre o reencarnacionismo, registra uma impressão convencional e muito disseminada, ou seja, que da crença na reencarnação deriva um *fatalismo* e um *conformismo existencial*, expresso na inevitabilidade do "Carma" (1995: 42-58). Leonardo Boff corrobora com este julgamento, quando afirma que a doutrina da reencarnação "não toma o homem a sério em suas decisões", que não valoriza "a dignidade do homem de poder abrir-se ou fechar-se ao Mistério e assim ser criador de uma história" e não "um marionete no palco de Deus" (1980: 166-167).

Essas afirmações desconsideram o conceito de *livre-arbítrio* que, ao lado da *"Lei de causa-efeito"*, formam a base da cosmovisão espírita. A centralidade do conceito de *livre-arbítrio* no discurso espírita é de tal monta que uma primeira aproximação de um leigo com a referida doutrina já permite notá-lo. Encontra-se no *Livro dos Espíritos* (uma das principais obras da Doutrina Espírita, ao lado do *Evangelho segundo o Espiritismo* e do *Livro dos Médiuns*) a ideia de que o *livre-arbítrio* do espírito (que é uma individualidade, como ser encarnado e desencarnado) é que vai determinar o ritmo de sua evolução espiritual: atrasá-la, estacioná-la ou acelerá-la em suas sucessivas encarnações, desencarnações e reencarnações. O determinismo da "Lei" da Evolução, pela dinâmica de "causa-efeito", visa o cumprimento de um "programa" estipulado para a próxima existência do espírito, como quitação de faltas "em vidas passadas". No entanto, pela mediação do *livre-arbítrio*, esta "nova existência" funciona como um espaço de indeterminação, onde por seu exercício se expia, é fato, as faltas anteriores (com sucesso corretivo ou não), mas fundamentalmente se alcança (ou não) a *reabilitação* pela oportunidade nesta nova vida dentro do *continuum* evolutivo desse espírito.

Inclusive a escolha ou o consentimento para cumprir determinada pena (aqui ainda dentro da dimensão do *determinismo*) se passa no "plano espiritual", no qual o "espírito desencarnado" decide junto ou aquiesce (pela intervenção dos "espíritos superiores/mentores") ao império da "Lei", exercitando, por outro lado, também seu *livre-arbítrio*, ao traçar um programa (de expiação/reabilitação) para sua próxima vida. De novo, na terra, enquanto espírito encarnado, sem a memória das vidas passadas, exercitará com seu *livre-arbítrio* esta nova oportunidade de passar pela prova e evoluir, podendo inclusive, graças a ele (*livre-arbítrio*), alterar a pena, minorando-a, e, desta forma, colher essas benesses na mesma encarnação. Por outro lado, pelo mesmo livre-arbítrio, se incorrer nos mesmos e novos erros, esse espírito encarnado pode passar pela encarnação, "sem progresso", devendo da próxima vez reencarnar no mesmo estágio.

Toda essa *narrativa* espírita, em nosso entender, pode dialogar com a dimensão do sofrimento/salvação, da cruz e redenção no processo salvífico da simbologia cristã-católica (ainda que determinados espíritas "puristas" e cientificistas possam fazer ressalvas). Do mesmo modo, também julgamos encontrar correspondência com a ideia católica de pecado, enquanto rejeição pelo livre-arbítrio do "Amor de Deus" e sua necessidade de purgação ou possibilidade de perdição (esta, ao que parece, irreversível no Catolicismo).

b. Incompreensões e imprecisões espíritas acerca do Catolicismo

Também no Espiritismo, parece-nos ocorrer incompreensões quanto à metafísica cristã-católica e sua dimensão salvífica. Isto se dá quando acentuam o caráter evolutivo de sua doutrina e imputam ao Catolicismo um determinismo férreo em seu entendimento da "Graça", da "Salvação" (ou provável "perdição"), que, segundo a interpretação espírita do Catolicismo, nega ao homem o direito da "livre iniciativa" enquanto processo de salvação.

Kardec, no "Livro dos Espíritos", defendendo a justeza do processo da "Evolução" dos espíritos, questiona a interpretação de que Deus permite "condenar o homem a um sofrimento perpétuo por alguns momentos de erro" (1975: 124). Dentro da mesma argumentação, os espíritas também enfatizam uma outra faceta do mesmo "equívoco" na interpretação católica, quando criticam na visão católica o fato de que "um indivíduo pode errar a vida inteira", mas no momento de sua morte "ladinamente" ou "levianamente" se arrepender dos pecados e garantir a "salvação eterna". Qual o mérito nisso, perguntam? Acho que ainda aí persistem as incompreensões e certa superficialidade no entendimento do outro.

Na teologia católica, a ideia de *processo* está presente e o que se chama de *decisão final* no ato da morte quanto à possibilidade de salvação aparece como culminância, desdobramento completo de tudo que o homem realizou em sua vida terrena. Para Leonardo Boff, a morte funcionaria como uma atualização plena de sua dinâmica humana. Ao longo da vida terrena, a pessoa viveu *decisões parciais* frente ao bem e ao mal, sendo a decisão no ato da morte a "floração de decisões que ele semeou na vida" (1980: 46-53). Desta forma o Juízo Final começa no cotidiano da vida, experienciado ainda de forma incipiente, mas *cumulativa*, sempre que se decide nas situações de crise da vida.

Embora a morte represente um "desdobramento definitivo" de decisões parciais, ainda assim, pela misericórdia de Deus, para aqueles que se centraram em si mesmos e no mal, é oferecido uma oportunidade decisiva de reflexão. Nessa oportunidade, interrompe-se toda uma trajetória e, num momento de clarividência e luminosidade, o Amor e o Bem triunfam pelo *livre-arbítrio* do indivíduo que opta por estes, rompendo um círculo vicioso para sua salvação.

Diversidade e modalidades de comunicação entre diferentes

a. Elementos comuns/configurações distintas

Segundo Bergeron, Bouchard e Pelletier, "o ponto decisivo na interpretação teológica das religiões não é sua estrutura histórica (doutrinal, cultural, social), mas a maneira como cada religião compreende e organiza os elementos comuns a todo tipo religioso (...), a intelecção e a articulação particular desses elementos comuns que constituem a especificidade de cada modelo religioso" (1994: 96). Considerando esta afirmativa, Catolicismo e Espiritismo serão tomados por nós como duas configurações resultantes, cada uma de uma singular combinação de dimensões da fé, divindade, vida eterna, justiça, amor etc., comuns nas religiões do mundo. Dentro dessa perspectiva é possível estabelecer as diferenças entre Catolicismo e Espiritismo não do ponto de vista de uma oposição de doutrina x doutrina, mas da comparação entre modalidades distintas, de compor configurações a partir dos elementos comuns contidos nas religiões.

Nesse sentido, a *configuração* católica se expressará no que chamamos de *Religião de Salvação*, regida pelo primado da "Graça" e da "Misericórdia Divina" como esferas constitutivas do processo de "salvação" do homem. A configuração espírita, por seu turno, expressa-se no que denominamos de *Religião de Aperfeiçoamento*, na qual prevalece a iniciativa do ser em sucessiva evolução e autoaprendizado na direção da plena realização no "amor de Deus" (Piazza, 1991: 226, 357, 420). Embora ambas as configurações contemplem em sua cosmologia teleológica as dimensões do "amor" e da "misericórdia" do Criador na remissão e no resgate de suas criaturas, aliada à liberdade de escolha entre o bem e o mal, a *configuração* da *Salvação* enfatiza a iniciativa divina na redenção da falibilidade dos seres e a do *Aperfeiçoamento* acentua a iniciativa dos seres, balizada pela lei de Deus, em seu processo de salvação. Apresentaremos sucintamente, a seguir, como se configuram os modelos do Catolicismo enquanto *Religião de Salvação* e do Espiritismo enquanto *Religião de Aperfeiçoamento*.

Religião de Salvação

John R. Sachs relaciona oito princípios básicos de visão cristã/católica centrais para a caracterização desta matriz de Salvação. Destacamos quatro modalidades:

– *Teologicamente*: a salvação vem de Deus que ressuscita os mortos. A vida eterna não é a consequência da imortalidade da alma, nem brota naturalmente da história. É um dom livre e imerecido.

– *Historicamente*: a salvação foi revelada e estabelecida na história deste mundo, logo a história do indivíduo, limitada pela morte, é o tempo e lugar concretos da autorrevelação salvadora de Deus.

– *Espiritualmente*: a salvação é autocomunicação de Deus ao mundo através do amor.

– *Cosmologicamente*: a salvação abrange o mundo todo. Isto está implícito numa antropologia que considera o homem como irredutível unidade de corpo e espírito. Este mundo com sua materialidade e com suas criaturas, enquanto seres de corpo-espírito, está destinado a encontrar seu fim e consumação na ressurreição "no último dia".

A escatologia cristã tradicionalmente fala da morte, do juízo, inferno e paraíso (a partir do final do século XII, também de purgatório). John R. Sachs relaciona os seis pressupostos fundamentais da escatologia cristã-católica:

1) Os seres humanos foram livremente criados por Deus e dotados de liberdade para partilhar da própria vida divina de Deus.

2) A liberdade consiste na capacidade de fazer uma opção fundamental na e da vida de cada um a favor ou contra Deus.

3) Todos serão responsáveis na morte e no juízo final perante Deus.

4) A autocomunicação de Deus revela-se na pessoa de Jesus (especialmente em sua morte e ressurreição) e em seu ministério (o anúncio do Reino de Deus).

5) A morte e ressurreição de Jesus são a revelação do destino final e da glória futura, queridos por Deus para todas as pessoas, e é também o paradigma da ideia cristã a respeito da vida eterna do Reino de Deus (céu).

6) O único outro destino possível é o inferno, isolamento e alienação absolutos, que resulta de uma rejeição livre e completa de Deus (Sachs, 1993: 99-106).

Religião e Aperfeiçoamento

Sugerimos que o que imprime ao Espiritismo o perfil de *aperfeiçoamento* é a combinação das noções de evolução e individualidade. Segundo a cosmovisão do Espiritismo, os espíritos são criados por Deus, simples e ignorantes, com a missão de buscar a perfeição. Sua vida teve um começo, mas, da mesma forma que a existência de Deus, não terá fim. A encarnação é o processo de materialização de um espírito preexistente num feto. Ao encarnar, o espírito esquece a memória de suas vidas pretéritas (que fica no inconsciente, podendo vir à tona na forma de intuição). Ao desencarnar, no plano espiritual, o espírito readquire a memória do conjunto de suas vidas, podendo ajuizar um balanço delas. O espírito é uma *individualidade moral*, dotado de pensamento, inteligência e vontade, o que implica numa responsabilidade/culpabilidade, enfim no *livre-arbítrio* diante do Bem e do Mal. Existe uma igualdade inicial: todos são dotados dos mesmos atributos e do *livre-arbítrio*. Será, portanto, no percurso evolutivo para a perfeição que eles se diferenciarão. Uns avançarão mais que os outros, como consequência dos atos praticados nas encarnações e da relação destes atos perante a Lei de Deus. O mundo encarnado será, então, o "campo" onde exercitarão suas "provas", munidos do *livre-arbítrio*, que torna os espíritos encarnados responsáveis por seus atos, e sob o determinismo da "Lei" de Deus (inviolável e imutável), que baliza e dá as regras da trajetória evolutiva espiritual. Fruto da opção entre o Bem e o Mal, o espírito produz o mérito ou a culpa sobre si mesmo (Lei da Causa e Efeito), ou seja, nenhum fato do ponto de vista moral se perde; em cada encarnação o espírito colherá os frutos da encarnação passada, "produz seu carma!". A Lei da Causa-Efeito, contudo, não implica apenas em mero determinismo, como às vezes é incorretamente interpretada por visões externas à doutrina espírita. Ao contrário, ela impele os espíritos a progredir a cada encarnação, já que para a doutrina, a retroação não existe (como na cosmovisão hinduísta do carma); o que pode ocorrer é ele ficar estacionado em sua perspectiva de progresso. A "Lei de Causa-Efeito" não significa apenas expiação, mas a oportunidade de renovação, que depende do *mérito individual*. Se, por um lado, o determinismo está presente na "Lei" e o espírito sofre a ação que produziu, há também um espaço para a iniciativa, que, através do *livre-arbítrio*, promove a reparação desse "carma".

O determinismo da "Lei" expressa-se em situações concretas de vida que o espírito experimenta ao longo de sua encarnação: doenças físicas e mentais, discriminação, violências, crises materiais, enfim toda sorte de constrangimentos impostos pela vida. Contudo, há um espaço para uma *indeterminação* que, através do *livre-arbítrio*, permite; ou a renovação e consequente evolução diante do enfrentamento da situação de provação na vida encarnada (previamente *programada* pela "Lei"); ou até uma incapacidade de enfrentamento da prova, que implicará em estagnação em seu processo de evolução, ou ainda, pelos méritos no enfrentamento da provação, a obtenção de uma atenuação desta, ainda na própria encarnação na qual se está expiando (que, às vezes, altera o destino programado, mas sempre pelos méritos, pois o que importa é o resgate e a evolução) (cf. Cavalcanti, 1983: 34-49).

Comunidade de diferenças

Passamos agora à explicitação de uma comunidade de diferenças entre as duas cosmologias religiosas, como expressão de suas combinações distintas dos elementos básicos e comuns, pertencentes às religiões em geral. Precisando melhor, são os elementos e princípios do Cristianismo que são combinados na formação das duas configurações. Portanto, entendemos que é em torno da *narrativa cristã*, ou seja, de suas interpretações, apropriações, reinterpretações e reapropriações, que se podem estabelecer parâmetros de comparação, semelhanças e diferenças entre a visão de salvação no Catolicismo e no Espiritismo.

De um lado, o Catolicismo enquanto *Cristianismo Histórico*, que produz uma autoimagem, que julga seguir a linhagem de uma continuidade (ao lado da Igreja Ortodoxa e do Protestantismo como alternativas disruptivas) que remonta às primeiras comunidades cristãs. Do outro, o Espiritismo, que se vê como "a terceira revelação" (depois do episódio Mosaico e Crístico), atualização do judaico-cristianismo, mas que representa, a nosso ver, uma reinterpretação do Cristianismo surgida na modernidade, não como um movimento que se desprende da Igreja Católica ou das outras Igrejas Cristãs, mas articulado à eclosão de fenômenos paranormais, "mensagens de espíritos" que grassaram nos EUA e na Europa no final do século XIX.

Por se reapropriar do Evangelho como base filosófica/moral para sua doutrina e reinterpretar a narrativa cristã com aportes totalmente descomprometidos da teologia cristã clássica de católicos, ortodoxos e protestantes, propomos classificar o Espiritismo como um *Neocristianismo*. Para formular o conceito do espiritismo como um *neocristianismo*, tomo a reflexão de Roger Van Rossum, quando diz que:

> o Kardecismo considera-se, depois da revelação de Moisés e de Jesus, como a terceira revelação (...). Enquanto a primeira e a segunda revelações tiveram lugar pela encarnação de um só espírito profético (Moisés, Jesus), esta terceira revelação surgiu através de mensagens acumulativas dos espíritos aos médiuns. Outrossim, como a "doutrina dos espíritos" (...), ela foi prometida por Jesus em seu discurso de despedida (Jo 16,12s.) como conhecimento pleno da verdade pelo "espírito da verdade" revelado a Kardec. O Espiritismo segue a Escritura ao pé da letra (...), considerando-se como "a restauração da religião de Jesus" (...). Jesus é visto como um dos muitos "profetas" e "mestres" divinos enviados à terra. Do relato de sua vida desaparecem (...) a morte e a ressurreição, porquanto não se enquadram na ideia da evolução (...). Nem tampouco cabem no quadro a graça, a reconciliação e a cruz. Um homem salva-se por si mesmo. Das Escrituras ficam apenas o Decálogo e a moral de Jesus (1992: 75-76).

Para nós, a polaridade que confronta os dois sistemas tem, de um lado, um Catolicismo constitutivo (ao lado das Igrejas ortodoxa e protestante) do padrão filosófico/religioso/cultural, que se convencionou chamar Cristianismo no Ocidente, e do outro um Espiritismo que retoma o tema crístico de um ponto de vista que representa uma descontinuidade neste campo religioso cristão-ocidental, pois não nasce dos debates e controvérsias teológicas do próprio campo, mas externo a ele. Situação que coloca, de um lado, o caráter *metropolitano* do catolicismo, enquanto aquele que forja uma matriz dentro da história e da cultura ocidental, assentando as bases religiosas e filosóficas deste Cristianismo constituído por ele, e daí extrai sua legitimidade; e do outro o Espiritismo como *não metropolitano* (Velho, 1995: 207-219), por sua trajetória periférica de acercar-se do patrimônio do Cristianismo institucionalizado e reinventá-lo em marcos até então "fora das regras do jogo" do debate teológico entre cristãos (católicos, protestantes e ortodoxos), combinando o Cristianismo ocidental com matrizes do pensamento oriental, como "carma", "transmigração das almas", "reencarnação" etc. O Cristianismo Ocidental, constituído pelo catolicismo (e seus desprendimentos ortodoxo e evangélico) e naturalizado como tal, traz uma marca canônica em relação ao Espiritismo, classificado por estes como um *mal-entendido* ou uma *ideia fora do lugar*. No entanto, para nós, o que o Espiritismo realiza é uma *descontextualização* em relação ao Cristianismo consagrado, que o coloca enquanto uma outra opção "cristã" no cenário religioso.

Detectamos, ainda, uma outra *comparação* de indicadores nas duas doutrinas que expõe suas diferenças, mas que, a nosso ver, demonstra também certa confluência de uma doutrina para com as "verdades" da outra. Confluência esta ainda marcada pelo *contraste*, pois tomam o que é verdadeiro no outro como referencial para se posicionar, considerando-o como uma alegoria ou um mito que será plenamente elucidado na versão aprofundada de sua doutrina. Isto se dá, por exemplo, no caso do Espiritismo, quando "os espíritos", respondendo à pergunta 1.010 de Kardec no *Livro dos Espíritos*, referem-se ao "dogma da ressurreição da carne" como "linguagem figurada", "alegoria" de um fenômeno que encontra "um sentido claro e preciso" na explicação da reencarnação (*Livro dos Espíritos*, p. 493, pergunta 1.010). Da mesma forma, no caso do Catolicismo, o teólogo João Batista Libânio abre a questão de que "certo tipo de reencarnação não seria uma forma mitológica para exprimir a (...) realidade (da ressurreição) de purificação necessária para entrar na vida eterna" (grifo nosso) (1985: 202).

Interpelações mútuas

Identificamos duas tendências no cotejo que uma religião faz de sua doutrina com outra doutrina religiosa, em relação à capacidade de ambas alcançarem as "verdades reveladas". Uma primeira, que desqualifica como errônea, equivocada, quando não perigosa ou maléfica, a "verdade" da outra, e uma segunda, que engloba, absorve em sua "verdade" a "verdade" da outra, demonstrando que está em sua doutrina a explicação mais conclusiva e completa daquilo que é enunciado parcial e limitadamente pela outra: "Ela pretende (...) que a 'minha' verdade inclua em si tudo o que, em níveis diferentes, existe de verdadeiro nas demais tradições. *Identifica-se assim o aceitável com o assimilável*" (grifo nosso) (Bartholo, 1993: 129). Um exemplo disso foi a explicação que nos foi dada por um devoto de uma religião oriental, segundo o qual a "essência última" se dá a revelar de maneiras graduais para as mentes humanas, de sorte que as religiões explicitam a mesma verdade transcendente, só que umas de forma infantil, outras de forma juvenil, outras por fim de uma forma madura.

Pensamos, contudo, que pode haver uma *terceira via* de pôr em comunicação duas doutrinas/teologias que não impliquem nas duas tendências acima citadas: é a modalidade da *interpelação espiritual*. Segundo Bergeron, Bouchard e Pelletier, "o confronto entre dois modelos religiosos é estabelecido em conformidade com o seguinte jogo de interpretação: [o primeiro] interpela [o segundo] sobre a maneira como [ele] articula concretamente neste momento da história os grandes eixos do modelo cristão; esta autointerpelação permite [ao segundo], por sua vez, interpelar [ao primeiro]" (1994: 96).

Por essa via, o Espiritismo, a partir de sua história, doutrina, instituição, interpelaria o Catolicismo sobre como ele, também de posse de sua história, doutrina, instituição, vem realizando sua relação com a transcendência e vice-versa. Pensamos que não existe outra modalidade de estabelecer parâmetros de *equiparação* entre duas religiões visando uma interpretação equivalente de ambas, em que se reencontre "o princípio tradicional de que somente os semelhantes podem conhecer" (Bartholo, 1993: 125), se não for por decodificar por aproximação a verdade da crença do outro para a sua. Por esse processo hermenêutico, o enigmático, o bizarro tornam-se familiar e, assim, percebe-se a existência de *afinidades na diversidade*.

Ainda aqui há que se haver um cuidado de não reproduzir a segunda tendência mencionada acima, da "absorção", ou seja, no processo de *identificação* não imputar ao outro, agora reconhecido como equivalente a sua imagem, uma forma imperfeita, um arremedo daquilo que é mais perfeitamente enunciado em sua tradição. Sem abrir mão da modalidade (histórica, cultural, comunitária e pessoal) que fornecem os *contornos* encarnados de uma tradição religiosa; deve-se procurar manter uma *abertura* para acolher a modalidade do outro enquanto alternativa, que no contraponto *sugere, interpela, provoca* a própria compreensão interna da religião de quem é interpelado e que, ao se deixar *inspirar* por sua alteridade, termina por "redescobrir as dimensões [internas] que talvez tenham sido negligenciadas, das quais [o outro] possa fazer-nos descobrir o valor e a pertinência" (Bergeron et alli, 1994: 115). Pois como afirma o teólogo Andrés Queiruga, "há aspectos que somente a *partir de fora de sua configuração concreta* lhe podem chegar e que, justamente por fidelidade ao Deus seu e de todos, deve estar disposto a *acolher*, como *enriquecimento* e também como *conversão*" (1992: 10).

A ideia de "sentido último comum" como inspiração para a convergência das religiões diferentes

Se, numa percepção teológica contemporânea, a essência do transcendente só pode ser expressa em símbolos conceituais (Doutrinas e Teologias) que buscam acercar-se deste sublime, sem contudo conseguir açambarcá-lo. Desta forma, podemos dizer que tanto o Catolicismo quanto o Espiritismo, por mais válidas que julguem ser suas teologias e doutrinas, devem também considerar que sua compreensão sobre a realidade transcendente é sempre parcial e por aproximação. Pois a "Revelação nos outorga a legitimidade de uma teologia afirmativa (...), sempre que não nos esqueçamos dos limites e da parcialidade dos nossos humanos conhecimentos" (Bartholo, 1993: 133). Portanto, embora os conteúdos das religiões possam ser divergentes entre si, como também coerentes em relação a si mesmos, cercados de plausibilidade interna, sob pena de caírem no que suas próprias teologias e doutrinas consideram como "idolatria", todas terão de concordar que o Absoluto, enquanto realidade última, está para além de todos esses conceitos e imagens religiosas que tentam enquadrá-lo, relativizando o poder de captação de todas. Nos dizeres desta autora, "as palavras, os conceitos, devem ser apenas simbólicos, já que as realidades que expressam são inefáveis" (Armstrong, 1994).

Desta maneira, para além de como Catolicismo e Espiritismo explicitam numa decodificação teológico-doutrinária para a compreensão ou linguagem dos homens os desígnios que julgam perceber do transcendente, pensamos que ambas reconhecem a existência de um *sentido último comum* que emana desse transcendente, com anterioridade às versões que dele são feitas. Portanto, as duas formas ou instrumentais com que as realidades humanas "agarram" esse "sentido último" (o modelo da *Salvação* e da *Evolução*) diferem entre si apenas enquanto modalidades, manifestações de se acercar de um transcendente "sempre maior", cada uma com suas argumentações, coerência interna e questões de plausibilidade.

Na modalidade católica temos um percurso salvífico *condensado* e na espírita, um percurso *dilatado*, que, a despeito de suas diferenças profundas no terreno das coerências e plausibilidades (e seria ingenuidade passar por cima dessas diferenças), buscam desembocar na mesma "realidade última". Esta reflexão encontra-se muito bem posta neste texto de Ana Maria Zinsly Boueke:

> a doutrina [católica], ao afirmar que quem salva é Deus, evidencia a potência redentora do amor. A doutrina kardecista, ao afirmar que o homem salva-se a si mesmo, enfatiza a força salvífica do amor. Se essa nossa aprendizagem para o amor é cumprida em etapas, tantas quantas necessárias sejam para o aperfeiçoamento, como estatui a doutrina kardecista, ou, se após a morte esse aperfeiçoamento é condensado em uma única experiência, na incomensurável dor produzida pelo reconhecimento que não amamos como poderíamos ter amado, como a doutrina [católica] professa há quase dois mil anos, só saberemos após a morte (Boueke, 1995).

Portanto, para nós, diante da evidência do pluralismo religioso e das questões "de quem possui a verdade" que advém disso, gerando o enfrentamento ou o indiferentismo entre as religiões, apenas a perspectiva da *comparação*, articulada ao *diálogo convergente*, pode apresentar-se como via de ultrapassagem dos impasses, digna da inspiração da espiritualidade, na qual todas as religiões dizem se fundamentar.

Sob essa perspectiva dialógica, Catolicismo e Espiritismo podem olhar-se mutuamente, como *configurações* singulares e distintas que, no entanto, combinam *elementos comuns* do Cristianismo Ocidental (amor, fé, imortalidade da alma etc.)

para sua religação com o transcendente; se reconhecendo por *afinidades* e *contrastes* entre si e na relação com o mesmo transcendente.

Pretendemos neste capítulo, dentro do campo de estudo das religiões comparadas e baseado na perspectiva de uma *metanarrativa/metarrevelação*, buscar equivalências entre Catolicismo e Espiritismo. Mesmo sem possuir a erudição e competência de um Raimundo Pannikar, cremos que as urgências de nosso país: a "pátria do evangelho" de católicos e espíritas, clamam por esta *confluência*. Sabemos, no entanto, que ela não cabe nos limitados marcos do "ecumenismo", que diz apenas respeito aos "cristãos declarados", mas que poderia florescer na perspectiva abrangente do "macroecumenismo", que orientou os escritos daquele pensador cristão na interface com o hinduísmo e o islã.

Mesmo que nossas limitações superem em muito nossos acertos, o mérito de nosso esforço talvez tenha sido colocar, na *agenda* dos *estudos comparados das religiões* e do diálogo *inter-religioso*, a relação entre o Catolicismo e o Espiritismo, que ao longo do últimos anos foi de rivalidade ou de indiferença por suas lideranças e instituições, mas que afeta a muitos brasileiros que a vivem no cotidiano.

2

A modernidade do Espiritismo ante o tradicionalismo católico nas primeiras décadas do século XX em Juiz de Fora[2]

O Espiritismo aportou em Juiz de Fora no início do século, quando a cidade vivia intensas transformações em seu perfil social, econômico e ideológico, constituindo-se num importante polo urbano no estado de Minas Gerais.

Essas transformações configuraram o cenário e as condições do desenvolvimento espírita na região, assim como os elementos de dificuldades com que ele teve de se defrontar, no rumo de sua consolidação e legitimidade.

Um credo de letrados: dos grupos informais aos Centros Espíritas

A configuração urbana de Juiz de Fora criou, em sua população, um contingente de camadas médias letradas, que

[2] O capítulo 2 é a versão modificada do artigo "'Le livre des Esprits' na Manchester mineira: a modernidade do Espiritismo face ao conservadorismo católico nas primeiras décadas do século em Juiz de Fora", publicada em *Rhema*, vol. 14, n. 16, 1998, p. 199-223.

formaram a base social do Espiritismo na cidade, a exemplo do que ocorreu, em termos de difusão espírita, em outros centros culturais e urbanos no país. O caráter urbano do Espiritismo foi apontado por Cândido Procópio Camargo, para os anos 1950, momento de intensa migração e constituição dos grandes centros urbanos, quando para ele o Espiritismo funcionou como elemento de "adaptação do homem brasileiro à vida urbana" (1961: 3). Mas mesmo antes desse período, na estimativa da Federação Espírita Brasileira em 1904, o Espiritismo já se encontrava espalhado pelo território brasileiro, concentrado, porém, na região sudeste-sul, principalmente nas cidades e *capitais* da costa atlântica (Giumbelli, 1997: 125).

O Espiritismo nasceu em Juiz de Fora, de maneira similar àquela como se constituiu em outros espaços. Surgiu, através de grupos privados, reunidos nas residências de seus organizadores para o estudo da doutrina e a prática das "sessões" de mesa, visando a comunicação com os "espíritos".

> Formaram-se grupos de estudos voltados para a apreensão do conteúdo filosófico da doutrina (...), multiplicavam-se as sessões de efeitos físicos, onde as pessoas buscavam a comprovação da existência dos espíritos e a consolação para a ausência de seus entes queridos arrebatados pela morte (Damazio, 1994: 68).

Esses grupos atraíram pessoas que buscavam um *sentido* para sua dor particular, uma razão para sua condição de sofrimento e que, por sua extração de camadas médias, rejeitavam a ideia do fatalismo da "vontade de Deus", oferecida pelas religiões tradicionais.

A doutrina espírita, através da positividade que encerra em sua filosofia de "Leis" de Justiça Divina e nas evidências "científicas" da mediunidade, oferecia um grau de plausibilidade e satisfação intelectual, para o vazio das interrogações e crises que afligiam esses indivíduos. O próprio Dr. Bezerra de Menezes, pai-fundador do Espiritismo no Brasil, abraça o Espiritismo a partir de constrangimentos e sofrimentos pessoais. A cura pelo médium receitista João Gonçalves do Nascimento de uma dispepsia crônica que sofria, assim como a cura por homeopatia de sua segunda esposa, levou o médico a aceitar as evidências do Espiritismo (Soares, 1963: 61-64). Também o processo de loucura sofrido por um de seus filhos e o diagnóstico e cura oferecido pelo Espiritismo, como sendo uma "obsessão" infringida a ele por "espíritos" inferiores e vingativos em função de pendências em "vidas passadas", levou o médico Bezerra a definir-se e aprofundar-se no conhecimento da cosmologia espírita, produzindo obras como a *A Loucura sob novo Prisma*, em que vincula fenômenos psíquicos a dimensões espirituais (Warren, 1984: 69-720). Também o advogado Antônio Luiz Sayão, figura eminente do Espiritismo, fundador do "Grupo dos Humildes" e autor dos *Estudos dos Evangelhos*, adere ao Espiritismo ao constatar a cura de sua mulher desenganada pelos médicos através da homeopatia receitada pelo "médium receitista" Bittencourt Sampaio (Damazio, 1994: 8). Francisco Pereira da Silva Jr., depois famoso "médium receitista", torna-se espírita em 1878, quando ao tentar obter uma mensagem de um ente querido morto, ele próprio entra em transe mediúnico, estabelecendo o contato com o "plano espiritual" (Damazio, 1994: 137).

As sutilezas e encadeamentos com que a lógica explicativa da doutrina contemplava os casos concretos a ela apresentados terminaram por preencher de *significação* as angústias das demandas. Também a forma de um atendimento reservado, voltado para o esquadrinhamento de cada caso e explicações éticas e racionalizantes para as questões apresentadas, diferia dos ritos massivos e cerimoniais: das procissões e romarias e da dinâmica prescritiva e votiva das promessas e "milagres" da religião católica; assim, mais afeito às exigências e mentalidade das classes médias.

Combinando reflexão sistematizada, experimentações "científicas" e misticismo de uma forma completiva, numa tríade "filosófico, científico e religiosa", o Espiritismo se mostrou extremamente atrativo para as parcelas letradas das urbes brasileiras. Seu modelo organizativo, distinto do "templo", "igreja" ou "paróquia", assentado em grupos organizados nos moldes de *Clubes* e *Sociedades*, à moda dos movimentos civis do fim do século – abolicionistas, maçons, republicanos –, aglutinou intelectuais e profissionais liberais interessados num credo racionalizado: a fé raciocinada.

Em Juiz de Fora, as primeiras reuniões espíritas se passaram na casa de Joaquim Gouvêa Franco, espírita convicto que chegou à cidade em 1898, talvez vindo do Rio de Janeiro. Logo reuniu, em torno de si, pessoas interessadas no esclarecimento dos fundamentos do Espiritismo. Dessas reuniões informais na casa de Gouvêa Franco, surgiu o *Grupo Espírita Fé, Esperança e Caridade*, que, neste formato, atraiu novos colaboradores. O desenvolvimento crescente dos trabalhos levou a formação do *Centro Espírita União, Humildade e Caridade*, em 2 de abril de 1901.

De outro núcleo, que se reunia na residência do casal Albino e Firmina Esteves, para o estudo e prática do Espiritismo, nasceu – através da mensagem espiritual do mentor do grupo, o "espírito" João de Freitas, recebida por Callíope Braga (*O Semeador*, 25 de dezembro de 1920) – um novo Centro Espírita: a *Casa Espírita*, fundada em 26 de maio de 1919, no aniversário do "desencarne" do Dr. Dias da Cruz, o "guia mentor" deste novo Centro (*O Semeador*, 25 dezembro de 1920). Assim, sucessivamente foram surgindo outros Centros Espíritas na cidade.

Evidenciava-se nos membros do movimento espírita nascente, o pertencimento a uma camada letrada da população. Muitos foram jornalistas ligados a Academia Mineira de Letras e, dentre estes, podemos identificar Albino Esteves, Luís de Oliveira, Estevão de Oliveira e Lindolfo Gomes (Christo, 1994: 67). Neste aspecto intelectual acompanhavam uma tendência geral do Espiritismo, na qual os espíritas mais proeminentes tiveram uma formação acadêmica rigorosa, tendo cursado as melhores Faculdades de Medicina e Direito, Escolas Politécnicas e Colégios Militares do país (Machado, 1983). Quintino Bocaiúva, espírita convicto, foi diretor do jornal "Diário do Rio de Janeiro", em 1868 publicou o livro *A Crise de Lavoura*, em 1870 adquiriu o jornal *A República*, em 1874 assumiu o cargo de redator-chefe do jornal *O Paiz* (Machado, 1983).

Essa condição intelectual influenciou a forma como a Doutrina expandiu-se na cidade: através de jornais e periódicos. Forma esta também comum a difusão do Espiritismo no país. O primeiro Centro Espírita do país, o "Grupo Familiar do Espiritismo" na Bahia, fundado por Olímpio Teles de Menezes, edita o primeiro periódico *Eco D'Além Túmulo* em 1869 (Damazio, 1994: 66-8). A "Sociedade de Estudos Espíritas" (Grupo Confúcio) edita em 1880 a *Revista Espírita*, cujo conteúdo era extraído da *Revue Spirite*. Em 21 de janeiro de 1883 temos a criação do jornal *Reformador*, pelo espírita e fotógrafo Elias da Silva, para divulgação da doutrina, que, com a criação da Federação Espírita Brasileira em 2 de janeiro de 1884, passa ser seu órgão oficial (Giumbelli, 1997: 61-63), funcionando como único elo de ligação e orientação entre os diversos Grupos Espíritas dispersos pelo país (Giumbelli, 1997: 125).

Em 1904, no *Centro União, Humildade e Caridade* de Juiz de Fora foi fundado o primeiro órgão de difusão doutrinária, o *Jornal Espírita*, e em 1920 o jornal *O Semeador* da *Casa Espírita*. Em ambos está envolvido o jornalista Albino Esteves, sendo que, para o segundo, ele doou "o papel e os tipos" assumindo o cargo de redator. Luís de Oliveira, por sua vez, assumiu, em 1917, a editoria da *Revista Espírita*, pertencente ao *União, Humildade e Caridade* (Christo, 1994: 66).

Difusão do Espiritismo através de Conferências

Também por sua característica letrada e intelectual, o Espiritismo se difundiu nos núcleos urbanos, através de palestras e conferências. No Rio de Janeiro, entre 1885-1887, foram proferidas vinte e três "conferências públicas", reunindo uma média de 500 pessoas por audiência (Giumbelli, 1997: 65). Devido à grande afluência de público que as sedes dos Centros não mais comportavam, as palestras e conferências passaram a se realizar em salões alugados (Damazio, 1994: 114). Essas reuniões, que se pautavam pela intelecção e reflexão – diferentemente de cultos nos quais grassavam o fervor, contrições e petições –, impressionaram bastante o cronista "João do Rio", que narrou em seu livro *Religiões do Rio* o aspecto laico e civilizado do ambiente, sugerindo a semelhança das reuniões com uma "sessão da Câmara de Deputados", um lugar "menos misterioso que qualquer 'club político'", onde "cavalheiros de sobrecasacas e senhoras demoiselles" compunham uma assistência atenta ao discurso ordenado do palestrante (Giumbelli, 1997: 124). Nessas conferências, muitas adesões foram conquistadas. O Ciclo de Conferências de 1885-1888 contou com a participação dos maiores oradores espíritas, como os doutores Pinheiro Guedes, Dias da Cruz, Castro Lopes, médicos homeopatas de notoriedade na Corte e do Major Ewerton Quadros, primeiro presidente da Federação Espírita Brasileira. Essas conferências tiveram um impacto de propaganda muito forte, quando frente a um auditório de cerca de duas mil pessoas, personalidades, como o Dr. Castro Lopes, publicizaram sua condição de espírita e outros, como o médico e político Bezerra de Menezes, declaram em público sua adesão ao espiritismo (Damazio, 1994: 117).

Em Juiz de Fora, o jornal *O Semeador*, de novembro de 1922, assinala o progresso do Espiritismo na cidade, "de modo intenso e animador", "tendo as sessões da Casa Espírita frequência boa e atenta" (*O Semeador*, n. 24, novembro de 1922). Em agosto de 1923, o jornal relata a "série de conferências de caráter público e propaganda da doutrina" que propiciou à "sociedade juiz-forana ter o prazer de ouvir várias pessoas de grande destaque na literatura espírita", como "Zilda Gama, brilhante autora de conhecidas obras psicográficas, e Aura Celeste, apreciada conferencista e colaboradora de vários jornais e revistas cariocas" (*O Semeador*, n. 33, agosto de 1923). Relata também a conferência *A caridade e o orgulho*, proferida em março de 1929, pelo Dr. J. R. Líbero Atheniense, depois impressa em brochura, constituiu-se um "delicado mimo para a família espírita" (*O Semeador*, n. 77, maio de 1929). Porém, o ápice do processo de difusão se deu através das reuniões públicas, que foram as *Conferências Espíritas Populares*, série de conferências, ao longo do anos 1928-1929, sistematizadas e organizadas enquanto uma campanha. Estiveram à frente da organização da série: Albino Esteves, Major Raymundo Paz Filho, Antônio M. do Couto e o Dr. Raymundo Tavares (*O Semeador*, n. 77, maio de 1929).

Devido ao afluxo crescente de pessoas, o *Centro União Humildade e Caridade* adquiriu um vasto terreno da firma Pantalione Arcury, no futuro bairro do "Poço Rico", onde construiu uma sede que comportava cerca de quinhentos lugares, sendo alcunhado de *Centro Grande*. No *Centro Grande* fizeram-se conferências marcantes que reuniram a nata dos palestrantes vindos do Rio de Janeiro. Dentre esses, destacaram-se as ministradas pelo Dr. Ivon Costa, em 1929, reunindo centenas de pessoas.

"Sessões espíritas" e mediunidade: um "reencantamento racionalizado"

O Espiritismo, todavia, propagou-se, não apenas enquanto um movimento de ideias, como uma explicação cosmológica racionalizada sobre o destino do homem e da realidade. As práticas espíritas, das "sessões de mesa" e da comunicação com os "espíritos", através do recebimento de suas mensagens, formavam outra via importante de difusão e aceitação do movimento (Giumbelli, 1997: 64).

Na capital federal, "na década de 1890, cariocas de todas as posições sociais frequentaram a sessão espírita" (Warren, 1984: 79) e a imprensa noticiava as sessões de "materialização de espíritos" (Warren, 1984 :78-79). Dentre as manifestações mediúnicas de diversas modalidades destacavam-se: mensagens dos "guias" e "mentores" dos Centros, com ensinamentos, de teor moral e manifestações de "espíritos sofredores" que eram "moralizados" pelos médiuns doutrinadores. Também as sessões de "desobsessão", nas quais espíritos vingativos que estavam perturbando um indivíduo eram "doutrinados" pelos médiuns e "espíritos superiores" para cessar seu ato indigno (Giumbelli, 1997: 756).

Essas manifestações trouxeram de volta, ao ambiente moderno e laicizado, uma dimensão *encantada* e *mágica* – no sentido weberiano –, na qual o extraordinário e o supranatural se revelavam de forma explícita. O aparente sobrenatural, contudo, foi explicitado por um método experimental, que julga estabelecer provas empíricas e um controle laboratorial desses fenômenos espirituais. Por essa via, os "espíritos" perdiam sua aura de sobrenaturalidade, "assombrações", para se converterem em dado de realidade. Dessa forma o Espiritismo operou um "desencantamento", no "encantamento" inicial que promoveu. Um exemplo disso são os "romances espiritualistas" escritos por Bezerra de Menezes, como *A Casa Mal-Assombrada*, em que a crença popular nas "almas penadas" é explicada dentro dos aspectos "científicos" da doutrina espírita.

Além de perderem seu aspecto de sobrenaturalidade, no Espiritismo, os "espíritos" perdiam também sua dimensão ameaçadora, terrificante e incontrolável, pois os "elementos mágicos" da crença espírita, "ao invés de se oporem aos elementos racionalizantes (tal como no modelo weberiano), articulam-se com estes", formando assim um "reencantamento racionalizado", no qual "o contato com os espíritos" se dá "de forma regulada e condicionada (...) por uma racionalização ética do mundo" (D'Andrea, 1996: 199-200).

Neste sentido, compreendemos o realce ao propósito ético da atividade mediúnica que os espíritas de Juiz de Fora veiculavam em sua imprensa, procurando demarcar-se da "bruxaria" ou "falso espiritismo", que "tem por directores espirituaes os elementos atrazados, que se comprazem naquillo que é apenas da terra: fazer e desfazer casamentos, encaminhar negocios, promover discordias, intrigar familias, prometter felicidades futuras e outras baboseiras" (*O Semeador*, n. 3, fevereiro de 1921). Para os espíritas juiz-foranos, o indivíduo, no exercício da mediunidade, "não se vale da graça que Deus lhe deu para saber de cousas materiaes (...) não recebe dinheiro pelas communicações que transmitte (...) não se presta ao papel de charlatão, adivinho, casamenteiro, intermediario de negocios, de namoros, de noticiarista de objectos furtados, sumidos ou perdidos" (*O Semeador*, n. 30, maio de 1923), ou qualquer atividade que banalizasse o sentido ético de sua missão espiritual.

"Racionalização do encantamento" significava, então, demonstrar a *normalidade* da presença e manifestação dos "espíritos"; assim como os fins morais por que isto acontece ou deva ser direcionado (quando se trata da doutrinação de "espíritos inferiores"), resumindo-se nas palavras de Camille Flammarion ditas no enterro de Kardec: "O sobrenatural não existe!".

Urbanidade e diversidade religiosa

O surgimento da República e o fim do "Regime do Padroado", que instituía o Catolicismo como a religião oficial do Brasil, criaram as condições para um movimento de diversificação e pluralização do campo religioso brasileiro, quando o

Espiritismo, junto com outras doutrinas religiosas e filosóficas de cunho modernizante, como o protestantismo, o positivismo e a maçonaria, vieram propor alternativas a hegemonia da Igreja Católica na mentalidade cultural e religiosa do país.

Juiz de Fora, por suas características de centro urbano e proximidade da capital federal, logo entrou nestes *tempos novos*: "A pacata Juiz de Fora tornara-se uma cidade onde protestantes (luteranos e metodistas), positivistas, espíritas, maçons e ateus faziam-se ouvir em seus templos ou nas colunas dos diários locais" (Azevedo, 1997: 106).

Ao contrário do tradicionalismo provinciano e monolítico do Catolicismo de Padroado, que marcou cidades como Sabará, Ouro Preto e São João del Rey, prevaleceu em Juiz de Fora uma gradativa diversidade religiosa e cultural, que se foi construindo com a chegada dos imigrantes alemães, trazendo o Luteranismo, depois com as missões metodistas, que culminaram com a fundação do Colégio Grambery, em 1891, estimulando a fundação da "Academia de Comércio" em 1894 por um grupo de católicos, liderados por Francisco Batista de Oliveira, e em seguida por religiosas, fundando o "Stela Matutina" e o "Santa Catarina". Esta situação plural foi extremamente benéfica, no entender de alguns espíritas, como condição preliminar para a expansão do movimento na época.

A reação católica à diversidade religiosa

A Igreja com que o Espiritismo – e as demais doutrinas emergentes neste início de século no país – deparou-se encontrava-se marcada pelo processo de *Romanização* (Oliveira, 1985; Della Cava, 1976: 43, nota 33). Compreende-se aqui

Romanização como um movimento que visava disciplinar e uniformizar o Catolicismo – então desalojado da condição de religião oficial do país, mas também liberto da tutela do poder governamental imperial – sob a direção hierárquica: clerical, episcopal e do Vaticano nas questões da doutrina e fé. Pela via da Romanização buscava-se retomar, num modelo de *Neocristandade*, o domínio católico sobre a sociedade brasileira. Este trabalho foi levado a cabo (tendo por trás a Santa Sé) pela liderança dos chamados bispos reformadores e, a seu serviço, as ordens religiosas estrangeiras. A Romanização continha, de um lado, aspectos modernizantes, quando visava combater as práticas meramente rituais "exteriores" do Catolicismo do Padroado, em prol de exigências e compromissos éticos dos fiéis; por outro lado, mantinha um aspecto bastante conservador e intolerante, ao pretender uma "recatolicização" da população, assim como marcado por um tradicionalismo que negava toda a diversidade da modernidade.

Ante o poderio do conservadorismo católico romanizado em busca da reconquista religiosa dos brasileiros, vamos assistir a articulações entre as demais doutrinas filosóficas e religiosas emergentes, em sua luta por espaço na sociedade. Quando a Igreja Evangélica Fluminense do Reverendo Kalley se estabeleceu no país, recebendo protestos do Núncio, teve a contrapartida da solidariedade dos liberais. A legislação liberal de 1863, que legalizava o matrimônio dos não católicos, obteve o apoio da maçonaria e dos positivistas. Podia-se verificar nos debates da imprensa um antagonismo que colocava unidos protestantes e maçons contra a Igreja, em sua defesa da "perpétua virgindade de Maria" (Dreher, 1984: 110-112).

No caso dos espíritas, estes apareciam afinados ao ideário liberal do Estado laico, abraçando o projeto do registro civil, casamento civil, laicização do ensino em oposição ao projeto de Neocristandade do catolicismo romanizado (*Reformador*, 15 de julho de 1887). Desta forma, granjearam o apoio dos liberais, que foi fundamental para a obtenção de um espaço onde pudessem "rebater os ataques do Catolicismo ultramontano, quando da grande querela que se estabeleceu entre a ortodoxia católica e os defensores da nova doutrina" (Damazio,1994: 72). Líderes republicanos, como Saldanha Marinho e Quintino Bocaiúva, franquearam as páginas dos jornais *Diário do Rio de Janeiro*, *A República* e *O Paiz*, para que os espíritas nelas defendessem suas ideias contra o Catolicismo (Damazio, 1994: 72).

A condenação do Catolicismo romanizado ao movimento espírita proveio de sua leitura ortodoxa e exclusivista do Evangelho, que dizia a interpretação do "evangelho segundo o espiritismo" consistir numa "heresia" errônea e falsa, incompatível com as Sagradas Escrituras, que levava o Espiritismo a práticas anticristãs, como a necromancia (consulta aos mortos). As manifestações mediúnicas dos "espíritos" teriam uma inspiração demoníaca, de feitiçaria e magia negra, mas nunca mensagem dos falecidos.

A refutação teológica *romanizada* ao Espiritismo argumenta na seguinte direção: se Deus envia as almas ao céu, purgatório e inferno, conforme seu merecimento, e estas não podem deixar esses lugares, por cumprimento de sua Lei eterna, então os fenômenos ocorridos nas "sessões espíritas", atribuídos a "espíritos desencarnados", na verdade não o são. Por outro lado, se esses seres são dotados de natureza, ciência e poder, não sendo almas, são então anjos, mas são anjos que mentem ao passarem-se por almas e ao revelarem uma doutrina "oposta à de Jesus Cristo", daí concluir-se que são anjos maus ou demônios (*Carta Pastoral de D. Fernando Tadei*. Bispo de Jacarezinho, São Paulo, 1931).

A reação "romanizada" em Juiz de Fora

Em Juiz de Fora, o processo de Romanização foi conduzido pelos padres Venâncio Café, Júlio Maria e João Emílio Ferreira da Silva, sob a batuta do bispo D. Silvério Gomes Pimenta, da Diocese de Mariana, a qual Juiz de Fora estava subordinada. A partir de 1894, chegam à cidade as ordens estrangeiras dos Redentoristas e Verbitas, que deram prosseguimento à política romanizadora.

Em 1891, o padre Café funda o jornal *Lar Catholico* para organizar o proselitismo romanizado, tendo como um dos alvos a polêmica antiprotestante. A condução da política de Romanização pelo padre Café, através do *Lar Catholico*, apesar de amenizar o nível da polêmica com os protestantes, lamentando os apedrejamentos de metodistas que pregavam na Praça da Estação, termina, porém, por justificar a ação "proveniente do povo católico que possui a Religião única, verdadeira", diante da afronta que sofria esse mesmo povo católico a não "aguentar, sem uma competente repressão, qualquer pregador de erros que nos venha aí a cada canto e por nossas praças a declamar heresias e impiedades a modo de mascate ou borifarinheiro que desenrola fazenda ou apresenta a amostra para ter compradores" (*O Lar Catholico*, Ano I, n. 6, 19 de janeiro de 1891, apud Azevedo, 1995: 91).

Diante das primeiras fissuras no monopólio religioso do Catolicismo na cidade, o Espiritismo inicia um crescimento nas brechas das fendas do monólito do Padroado. O jornal *Reformador* – órgão oficial da Federação Espírita Brasileira –, comentando a fundação da *Casa Espírita*, argumenta que as fundadoras da *Casa Espírita*, "a despeito do predomínio que exerce na cidade o Catolicismo romano, naturalmente inspiradas pelo alto, removeram todas as dificuldades e conseguiram assim ver realizadas suas justas aspirações" (*O Semeador*, n. 1, 25 de dezembro de 1912, p. 3). O crescimento do Espiritismo nesta época ainda não é percebido como ameaça, portanto não atraía a rivalidade do Catolicismo romanizado, ocupado que estava em combater o protestantismo. A intolerância católica limita-se à publicação no *Pharol* – principal órgão da imprensa local – de uma nota em que se menciona sua desaprovação ao Espiritismo: "Em presença do Sr. Arcebispo D. Joaquim Arcoverde fez ante-ontem, o Sr. Felicio dos Santos uma conferencia no 'Circulo Catholico' combatendo o espiritismo" (*Pharol*, 29 de maio de 1900).

As condenações da "heresia" espírita pela Igreja Católica em Juiz de Fora

As três primeiras décadas do século não apresentaram em Juiz de Fora nenhum movimento condenatório ao Espiritismo, por parte da Igreja Católica. Os anos 1940 e 1950, ao contrário, indicaram autênticas campanhas contra os seguidores de Kardec, revivendo inclusive os métodos de truculência – como tentativas de apedrejamento –, utilizados contra o protestantismo metodista, no final do século passado e início deste século.

A localização do período de perseguição ao movimento espírita em Juiz de Fora, nas décadas de 1940 e 1950, corresponde a periodização estabelecida por Giumbelli, que situa as ofensivas antiespíritas da Igreja Católica para antes de 1890 – quando o Catolicismo, como religião oficial, não admitia contestação a sua hegemonia – e para depois de 1950, quando os ataques da Igreja Católica tomam a forma de "campanhas" (Giumbelli, 1997: 37).

Encontramos, porém, antes dos anos 1940, registros de condenações ao Espiritismo, advindos do episcopado católico, como orientação geral para a Igreja do Brasil. Exemplos disso foram: a Pastoral coletiva de bispos da região sul de 1904, orientando os seminários católicos para que desenvolvessem na aula de "Apologética, o ensino contra o espiritismo e demais erros que lhes são conexos" (*Pastoral Coletiva dos Bispos da Província Eclesiástica Meridional do Brasil*, São Paulo – 1-7 de setembro de 1904). Também a *Carta Pastoral de D. Fernando Tadei*, bispo de Jacarezinho, São Paulo, datada de 1931, que, ao considerar a religião emergente e concorrente: "a mais funesta das superstições contemporâneas que traz o nome de 'moderno espiritismo' tristíssima praga [que] se alastra (...) arruinando a fé e desempenhando as almas na tremenda voragem da eterna perdição", relacionava as penas para aqueles que incidissem na "heresia" espírita: "não podem ser padrinhos de crisma e batismo; não podem receber sacramentos; não têm direito à missa de sufrágio, nem qualquer outro ofício fúnebre; são privados de sepultura eclesiástica; pena de excomunhão" (*Carta Pastoral de D. Fernando Tadei*. Bispo de Jacarezinho, 1931).

Em Juiz de Fora, dois modelos exemplares da ofensiva católica contra o Espiritismo emergente foram: a Carta Pastoral de D. Justino José de Sant'Ana, Bispo de Juiz de Fora, datada de 1957, intitulada *A Igreja e o Espiritismo*, e o *Juramento de Fidelidade à Igreja* muito empregado pela hierarquia, no controle ideológico de seus fiéis. Esses dois documentos e suas implicações sociais e religiosas serão analisados com particularidade no próximo capítulo.

Estratégias de legitimação do Espiritismo no país e em Juiz de Fora

O Espiritismo, em sua disputa por legitimação no campo religioso – quando acusado pela Igreja Católica de herético, satânico, praticante da necromancia e incompatível com as Sagradas Escrituras –, procurou mostrar-se como um credo racional, filosófico e científico, superior a dogmática católica. Inversamente, no *campo social* e no *campo científico*, ele buscou, ante os ataques provenientes do pensamento acadêmico imperante aliado ao pensamento intelectual católico conservador, associando-o a fraudes, charlatanismos, provocador de perturbações patológicas psíquica, legitimar-se invocando o direito constitucional de "liberdade religiosa". Desta forma, definia-se enquanto uma religião dentre as outras, com uma doutrina, baseada no Evangelho, norteada pela prática da *caridade*, pela ajuda desinteressada e pela gratuidade de seus serviços espirituais, dissociando-se a todo custo do "espiritismo popular", da umbanda ou outras práticas mágicas das religiões populares.

Legitimação como um credo filosófico e racional superior ao dogma católico

O Espiritismo enfrentou o "cerco" e a perseguição que lhe moveu a religião católica hegemônica no Brasil, sustentado por uma ideia de superioridade moral e evolutiva em relação a esse Catolicismo.

Ante os ataques, como as prescrições do Sínodo Diocesano de Campinas, que exortava os católicos a "combater eficazmente as satânicas mentiras do espiritismo" (Benedetti, 1986: 162), o movimento espírita, munido de sua autoconcepção como a "terceira revelação" e que em sua perspectiva evolucionista situava-se como "a religião da Era da ciência" (logo as demais, inclusive o Catolicismo correspondendo a Eras anteriores), procurará ao lado de certa complacência com o que julgava ser o anacronismo católico mostrar as vantagens de sua religião: mais justa, mais racional e mais consoladora, em relação a esse.

Desta forma, o Espiritismo, que se compreendia como a "renovação espiritual da lei divina", assim como "a restauração da religião de Jesus", não se julgava inaugurando algo novo, mas aprimorando, dentro de sua visão evolutiva, uma estrutura anterior (Van Rossum, 1992: 68-80).

Tomamos de Wulfhorst e Dahmman, citado por Van Rossum, o conceito de *movimentos neorreligiosos* para interpretar esta autovisão espírita e a relação que esta crença emergente procurou manter com religiões tradicionais, como o Catolicismo. Segundo os autores um *movimento neorreligioso* não é uma religião "fundamentalmente nova (...), ela relaciona-se dentro do âmbito (...) das religiões clássicas mundiais, distinguindo-se por seu caráter *reinterpretativo*, *inovador*, *completivo* e *atualizante* da religião clássica" (Wulfhorst, 1985; Dammann, 1972 apud Van Rossum, 1992: 78-79).

Na perspectiva de reinterpretar e inovar a tradição, pode-se observar uma tensão entre ruptura e permanência nesses "movimentos neorreligiosos".

No caso do Espiritismo, seu evolucionismo cientificista levava-o, de um lado, a rejeição pura e simples dos dogmas católicos, quando enfatizava que "o médium não se confessa, não se comunga, não se casa religiosamente, não acompanha procissão" (*O Semeador*, n. 30, 1923: 1) mas, por outro lado, praticava um forte movimento de reinterpretação dos símbolos clássicos e da História Sagrada deste mesmo Catolicismo.

Neste sentido, pensamos o Espiritismo constituir um "Neocristianismo" como desenvolvemos no primeiro capítulo deste livro, resignificador por natureza, do "veterocristianismo", que lhe antecedeu. O que chamamos de capacidade de *resignificação por natureza* do Espiritismo, Giumbelli nomeia de "um pensamento que submete todos os ramos do conhecimento a uma abordagem peculiar, integrando-os a um saber de base espiritualista" (Giumbelli, 1996: 90).

Dentro dessa perspectiva, o Espiritismo respondeu aos ataques do que julgava ser seu estágio anterior, com a resignificação de seus símbolos mais caros e representativos: suas datas sagradas e sua *instância clerical*, junto com a figura de seus *homens santos*. Através desse reprocessamento, o Catolicismo aparece vinculado como forma auxiliar ao esquema doutrinário espírita. Segundo Giumbelli, "as críticas à Igreja Católica podiam adquirir (...) formas como mensagens psicografadas atribuídas a grandes vultos da Igreja, onde se confessavam arrependidos de sua fé e aprovavam princípios espíritas" (Giumbelli, 1997: 72).

Por esse mecanismo resignificador do Catolicismo, o "espírito" do Frei Neuhaus, franciscano morto em 1934, envia uma mensagem aos sacerdotes católicos exortando:

> ilustres colegas, que como eu, recebestes ordens superiores para combater esta Luz [o Espiritismo]. Abstende-vos de o fazer, porque ireis acarretar sobre vós responsabilidades tremendas das quais jamais vos podereis libertar, sem muito sofrimento, sem muito arrependimento, sem muita provação (Folha Carioca, 1985: 34).

Mais evidente – do esquema de resignificação espírita da tradição católica – foi ainda o caso do padre Sebastião Carmelita, que, segundo a narrativa espírita, mesmo sendo sacerdote, era espírita convicto, não abandonando a Igreja, por orientação dos "espíritos" de Emmanuel e Bezerra de Menezes, considerado como a "reencarnação" do bispo Espanhol que no século XIX condenou à fogueira os livros espíritas, no episódio conhecido como "Auto de fé de Barcelona" (Castro, 1986). O caso revela o mecanismo de uma *dupla* evolução do Espiritismo por sobre o que considera seu estágio anterior: quando renova o bispo que em "vida passada" foi o inquisitor do Espiritismo e quando renova um padre que, por sua aceitação do Espiritismo enquanto verdade religiosa, deu um testemunho vivo da superioridade deste por sobre o Catolicismo.

Em Juiz de Fora, vivemos um caso eloquente de resignificação pelo Espiritismo, de figuras exemplares do Catolicismo com a aparição do "espírito" do padre Venâncio Café, prócer da Romanização na cidade, pouco tempo após seu "desencarne" em 1898, como "espírito mentor" do primeiro Centro Espírita de Juiz de Fora, o "União, Humildade e Caridade", em 1901. O "espírito" do padre Venâncio Café também orienta outros

Centros Espíritas da cidade, como prova a saudação feita a ele pelo jornal *O Semeador* da *Casa Espírita*:

> quando em existência terrena – sacerdote – no mundo espiritual, por nova rota, cheio de benevolente humildade e carinho, dirige e encaminha a quantos tiverem neste planeta concluída a sua passagem boa ou má. Simples e bom – merece o preito de nossa saudade, a harmonia de nossos pensamentos, pois é um dos que acompanham espiritualmente o movimento da Casa Espírita (*O Semeador*, n. 77, maio de 1929).

Legitimação como uma religião com direitos constitucionais de funcionamento

Aqui nos referimos às estratégias de legitimação espírita, às tentativas – pela Academia leiga e pelos intelectuais católicos – de desqualificar suas práticas e crenças como fraude ou como causadoras de distúrbios físicos e psíquicos que implicaram nos artigos do Código Penal de 1890, condenando o Espiritismo como charlatanismo e curandeirismo.

A resultante da estratégia de defesa espírita foi uma crescente autoconfiguração do Espiritismo brasileiro, enquanto religião, reivindicando direitos de liberdade de credo e culto e, como tal, procurando distinguir-se das práticas "mágicas" populares.

Tanto na defesa que os advogados da Federação Espírita, como o Dr. Aristides Espínola, fizeram dos réus, médiuns acusados de curandeirismo, quanto nas sentenças de altos magistrados das cortes penais – como o Juiz Viveiros de Castro – que os absolveram, foi explicitado o direito constitucional daqueles que comungam de um mesmo credo, reunirem-se sem serem "perseguidos por motivos religiosos" (*Reformador* 1/07/1894).

Na sentença do Juiz Eliezer Tavares, que absolveu o famoso médium Domingos Filgueira, está lavrado que "a faculdade de cura atribuída aos espíritos (...) constituiria matéria de crença ou fé religiosa, porque o espiritismo é também uma religião" (Giumbelli, 1997: 142). O argumento triunfante foi o de que, enquanto "crença", o Espiritismo não necessitava possuir base científica, sendo assunto de consciência individual, de opinião e, enquanto tal, amparado pela lei em sua prática. O mesmo juiz, diante de outro processo contra um curandeiro que praticava a religião popular, munido de provas circunstanciais (figas, pipocas, imagens, galinhas), condenou-o por prática de feitiçaria e exploração econômica (Giumbelli, 1997: 142).

Neste particular, notamos uma afinidade do Espiritismo e das autoridades públicas, em definir o que seria o "baixo espiritismo" e aplicar, a suas práticas, o rigor da lei.

No jornal *O Semeador*, de Juiz de Fora, encontramos um encorajamento às denúncias da imprensa contra o chamado "baixo espiritismo", para eles, "falso espiritismo":

> "Alguns jornaes de nossa cidade estão movendo acerrima campanha contra certas espeluncas que dizem cultivar o espiritismo (!) Cada pessoa é obrigada a pagar (...) uma certa quantia fixa (...) 500 réis. Nesses grupos, lê-se sorte, fazem-se magias, descobrem-se inimigos, prepara-se-lhes mal (...) Temos somente que applaudir a attitude desses presados confrades de imprensa, pois, de facto, taes casas não passam de antros de exploradores, nada tendo que ver com a doutrina de Allan Kardec" (*O Semeador*, n. 6, maio de 1921, p. 1).
>
> "Inicialmente, lembremo-nos de que na doutrina de Jesus tudo se recebe 'de graça' e 'de graça se dá', sendo por isto, suspeita a casa, entro, grupo, reunião, concilio, ou que nome tenha, em que se recebem quantias em dinheiro, donativos quaesquer, a troco

> de consultas, perguntas, noticias, communicações de quacsquer especies. Isso não é Espiritismo: é commercio, é velhacaria, é exploração. Está na alçada dos crimes de embahir a bôa-fé do povo" (*O Semeador*, n. 3, fevereiro de 1921, p. 1).
>
> "Isto não é Espiritismo – é bugigangaria, é ignorancia, é feitiçaria refinada, que se deve punir com applicação da lei – cadeia" (*O Semeador*, n. 30, maio de 1923, Ano III, p. 1).

Portanto, os mecanismos de legitimação, usados pelo Espiritismo, visavam enfatizar suas práticas, como associadas aos cultos e serviços *religiosos,* e não como exercício de profissão. Foi provado que os médiuns possuíam profissão fixa e não cobravam por seus serviços, constituindo-se suas atividades, como prática de caridade cristã. Leopoldo Cirne, então presidente da Federação Espírita Brasileira, defendeu as curas mediúnicas, como "renovação das práticas dos primeiros cristãos que também curavam enfermos" (Giumbelli, 1997: 176). A argumentação espírita, para legitimar suas atividades, visava equipará-las a qualquer outra das religiões vigentes no país, protegidas pela lei, no tocante à liberdade de culto e crença. Diziam eles: "se os católicos seguem a missa e romarias, os positivistas, o catecismo de Comte, do qual retiram seu culto à humanidade, também os espíritas têm seu credo que, como as outras, são legítimas, e um dos principais pilares deste credo é a caridade espiritual que se traduz em 'restituir saúde a uma boa parte da população'" (Giumbelli, 1997: 177).

No caso de Juiz de Fora, também as sentenças dos juízes locais seguiram a mesma tendência apontada, como a do Dr. Ernani de Andrade, que julgou improcedente a denúncia de "exercício ilegal de medicina" contra o Sr. Pery Ferreira da Silva e Alzira Cardozo Leão, que "em caracter espírita, haviam accudido a D. Judith Campos Keller, residente em Mar de Espanha, tendo-as curado de gravíssima enfermidade por meio de receituário espiritista (...) Foi uma absolvição que vai reforçar os direitos do exercício do espiritismo" (*O Semeador*, n. 77, maio de 1927).

Concluímos, então, afirmando que se: de um lado, o Catolicismo Romanizado não conseguiu provar o desacerto da "superstição espírita", como nefasta ao bem físico e mental da população, assim como o caráter satânico e herético da Doutrina Espírita; por outro lado, o Espiritismo também não provou a superioridade de sua "ciência espiritualizada", como parâmetro *universal* de conhecimento, embora tenha conseguido garantir que todos os que partilhassem dessa crença em nosso país a exercessem com liberdade.

3

A Carta Pastoral de Dom Justino e o "Juramento de fidelidade à Igreja": Instrumento de controle dos católicos e de combate ao Espiritismo[3]

Os documentos que iremos analisar – a Carta Pastoral de Dom Justino José de Sant'Ana, bispo de Juiz de Fora, datada de 1957 e intitulada *A Igreja e o Espiritismo* e o *Juramento de Fidelidade à Igreja* – impressionam, se vistos por uma ótica moderna ou por um juízo católico pós-Vaticano II, por seu tom de autoridade e de mando, assim como por sua pretensão de controle em dimensões de foro pessoal e da livre-consciência dos fiéis. Aliado a isso, chama também a atenção o grau de intolerância e condenação ante outros credos religiosos, notadamente o Espiritismo ou Kardecismo. Tantas regras, proibições e interditos podem ser compreendidos se examinarmos o contexto da época em que foram promulgados. Para tal, precisa-se entender o que foram as políticas da *Romanização*

[3] O capítulo 3 baseou-se em texto publicado no livro *Memórias Eclesiásticas: documentos comentados*, organizado por Beatriz Dias V. Miranda e Mabel Salgado Pereira, Ed. UFJF, 2001, p. 93-107.

e da tentativa de estabelecimento de uma *Neocristandade* na sociedade brasileira, desenvolvidas pela Igreja Católica a partir de orientação da Santa Sé, através das iniciativas da hierarquia católica brasileira. Por outro lado, torna-se também importante a compreensão do surgimento, à época, de um leque de alternativas religiosas ao monopólio católico.

Romanização e Neocristandade

Compreende-se por *Romanização* (também referida por historiadores da Igreja como *Reforma Católica*) a política de uniformização do Catolicismo a um modelo europeu universalizante, centralizada pela Santa Sé, praticada pela Igreja Católica Apostólica Romana nos meados do século XIX, política à qual deveriam submeter-se as igrejas, o clero e laicato nacionais (Azzi, 1994:59-71). A liderança desse processo no país foi confiada a uma elite do episcopado nacional ligado diretamente a Roma, que teve no Brasil como figuras expressivas dom Antônio Ferreira Viçoso, em Minas Gerais, e dom Antônio Joaquim de Melo, em São Paulo, ainda no século XIX, e no século XX a figura singular de dom Sebastião Leme, cardeal do Rio de Janeiro, que reestrutura a vinculação a Roma dentro de uma feição do Catolicismo como a única e legítima "religião dos brasileiros".

"Sob o báculo episcopal" (Azzi, 2000) como "correias de transmissão" de suas diretrizes, arregimenta-se uma nova geração do clero, formada no Colégio Pio-Brasileiro em Roma, ordens religiosas estrangeiras e movimentos leigos, todos constituídos na nova disciplina *romanizada*. A resultante desse processo de *Romanização* foi a consolidação do poder de uma hierarquia episcopal que vigeu no país de 1850 a 1950, assim como a formação de uma burocracia eclesiástica única e centralizada a serviço das diretrizes episcopais (Azzi, 1994).

Ecos da Romanização em Juiz de Fora

Os reflexos da uniformidade *romanizadora* alcançam a Igreja Católica em Juiz de Fora, com o advento da República, a partir de 1890, através da atuação dos chamados bispos reformadores da diocese de Mariana, de um clero recém-formado em Roma e das ordens e congregações religiosas estrangeiras. São eles: O bispo de Mariana, dom Silvério Gomes Pimenta, os padres *romanizados*: Venâncio Café, João Emílio Ferreira da Silva, monsenhor João Sabino Las Casas, e o nacionalmente conhecido padre Júlio Maria, acrescido da chegada de ordens religiosas europeias, como a dos Padres Redentoristas em 1894, da Congregação do Verbo Divino (*Verbitas*) em 1900, das Irmãs da Congregação de Santa Catarina em 1898 e da Congregação das Servas do Espírito Santo em 1900.

Com a formação da diocese de Juiz de Fora, em 1924, e a nomeação e posse, em 1925, de seu primeiro bispo, dom Justino José de Sant'Ana, consolida-se o processo de *Romanização* na cidade, da qual a Carta Pastoral e o "Juramento" representam atitudes concretas.

A ação *romanizadora* da Igreja em Juiz de Fora visava a catequização da maioria católica "não praticante", acomodada e descompromissada dos preceitos católicos pela vivência do Padroado, esclarecendo-a sobre o significado dos ritos, doutrinando os que não frequentavam as missas, exortando para o comparecimento nos sacramentos, a prática do rosário e das devoções. Enfim, buscando converter "católicos batizados" em "católicos praticantes". Parece-nos que, para o clero *romanizado* de Juiz de Fora, a principal forma de disciplinar o povo católico e evitar a concorrência religiosa que ameaçava crescer estava em doutrinar suas hostes e manter em torno delas um *cordon sanitaire*, que evitasse o "contágio exógeno", através de formas proselitistas, como a fundação do jornal *Lar Catholico*, em 1891, e em 1926 do *Lampadário*, órgão oficial da diocese; da mobilização do laicato por meio da criação de obras sociais e grupos de ação, como a conferência de São Vicente, Asilos e Patronatos, a Ação Católica, a União dos Moços Católicos e o Centro Dom Vital, que visavam consolidar a maioria católica na cidade.

O discurso de dom Justino, já em suas primeiras circulares como bispo de Juiz de Fora, revela esta concepção hegemonista do Brasil enquanto país naturalmente católico, ou sacramentado por Deus como católico, e, desta forma, avesso a qualquer outra forma de credo, mentalidade que visava restaurar uma cristandade católica em um país cuja Constituição garantia a liberdade religiosa:

> brasileiro é sinônimo de católico (...). Quem nasceu nas plagas brasileiras e se arregimenta sob a bandeira de qualquer seita dissidente, é, pelo menos impensadamente, inimigo da pátria, porque o brasileiro tem a característica da cruz, que foi plantada em seu solo no dia da descoberta, a cruz que pelas mãos divinas – sinal de predileção – engastada (...) nos abençoa e bendiz (*Livro do Tombo do Bispado de Juiz de Fora*, vol. 1, p. 45, apud AZZI, Riolando, 2000: 295).

Pluralismo religioso e reação católica

O surgimento da República e o fim do "Regime do Padroado", que instituía o Catolicismo como a religião oficial do Brasil, criaram as condições para um movimento de diversificação e pluralização do campo religioso brasileiro, quando distintas doutrinas religiosas e filosóficas, como o protestantismo, o positivismo, a maçonaria e o *espiritismo*, vieram propor alternativas ao monopólio e hegemonia da Igreja Católica na mentalidade cultural e religiosa do país.

Se, por um lado, as doutrinas religiosas emergentes saudavam o advento da República como uma salvaguarda de liberdade religiosa para sua atuação, também para o Catolicismo estavam colocadas novas condições para sua disseminação, pois se via agora livre das amarras estatais do Padroado, podendo assumir plenamente sua condição "romana" e determinar autonomamente suas estratégias, sem a ingerência do Estado (Dreher, 1984: 112). Estaria configurada uma situação de livre e equilibrada convivência religiosa arbitrada isentamente pelo Estado, se não fossem as pretensões hegemonistas e restauradoras da Igreja, que não tolerava qualquer situação que pudesse abalar seu até então assegurado monopólio religioso sobre a população brasileira.

Se na República Velha segmentos positivistas, militares, anticlericais do governo ainda faziam o contraponto com as crescentes tentativas de restauração católica, no pós-1930, com o pacto operado entre Igreja e Estado sob a direção de Getúlio Vargas, estabelecem-se as prerrogativas vantajosas para o Catolicismo, que comentaremos no próximo capítulo, na mesma medida que crescem as dificuldades para as religiões minoritárias.

Daí também a cooperação *ecumênica* entre as forças religiosas minoritárias, visando uma plataforma comum de resistência aos privilégios estatais concedidos ao catolicismo: "direito de culto (...) contra a falta de liberdade religiosa, contra o ensino religioso nas escolas públicas, contra a entronização de imagens nas casas legislativas ou em repartições públicas" (Dreher, 1984: 9).

Quanto aos espíritas, conforme explicitado no capítulo anterior, estes se articularam ao republicanismo liberal, engajando-se nas propostas de registro civil, casamento civil, laicização do ensino para fazer frente ao projeto de reconquista do Estado e da sociedade brasileira (Neocristandade) encaminhado pelo catolicismo romanizado. Também no capítulo anterior apontamos as parcerias da imprensa republicana com os espíritas para fazer de seus periódicos uma tribuna de enfrentamento ao Catolicismo conservador (Damazio, 1994: 172).

Pluralismo religioso e reação católica em Juiz de Fora

Juiz de Fora, no final do século, por suas características de centro urbano e influência da capital federal, logo estabelece um perfil de pluralismo cultural e religioso. Em 1907, a Câmara Municipal procede a um recenseamento da população, chegando ao seguinte resultado com respeito ao percentual de adeptos das religiões na cidade: "católicos: 26.785; protestantes: 441; espíritas: 226; ignorado: 2.464" (*O Semeador*, julho de 1984).

A consequência dessa ampliação e diversificação do campo religioso foi uma competição bastante acirrada, em que, nos dizeres deste historiador eclesiástico, "a pacatez da paróquia de Santo Antônio de Juiz de Fora dava lugar a um território beligerante, onde o mais importante era não perder terreno e investir com todo vigor contra as hostes adversárias" (Azevedo, 1997: 109).

Atenta aos potenciais competidores na cidade, a Igreja local, através do jornal *Lar Catholico*, dirigido pelo padre Café, sob a direção do episcopado, organiza o proselitismo *romanizado*, tendo como uma de suas metas a polêmica antiprotestante, o que estimulará uma onda de conflitos e violências entre as facções religiosas. Segundo esta historiadora: "A pedradas (...) foram recebidos os primeiros propagadores do metodismo em Juiz de Fora, quando de suas pregações ao ar livre" (Christo, 1994: 66).

A Igreja de Juiz de Fora, na busca crescente pelo restabelecimento de sua hegemonia sobre a população dita católica da cidade, não admitia concorrência religiosa, considerada sempre uma intromissão exógena num território tido como cativo pelo catolicismo. Neste sentido, os primeiros anos do novo século marcam um recrudescimento dos conflitos com outros grupos religiosos, particularmente os protestantes, envolvendo não só o clero secular, mas também as ordens religiosas aportadas na cidade para sua missão *romanizadora*. Atritos e violências entre católicos e metodistas aparecem registrados nos anais dos Redentoristas (Azzi, 2000: 181). Na pesquisa de Azzi estão o registro do episódio onde "o metodista recebeu umas pauladas bem merecidas" ou o caso em que "depois da procissão houve uma pequena refrega entre católicos e metodistas, que zombaram da procissão, o que não lhes saiu bem" (Azzi, 2000: 181).

Décadas mais tarde, a preocupação por parte da hierarquia da Igreja local e de seu clero com a concorrência religiosa persiste, vendo-a como ameaça ao monopólio católico na cidade. A primeira Carta Pastoral de dom Justino, quando de sua posse em 1925, já fazia um levantamento do panorama religioso da cidade, com fins de preservação do território católico das investidas dos adversários: "O número de protestantes, em toda a diocese, mais ou menos, avalia-se em três mil, existindo em Juiz de Fora o famoso colégio Granbery formando outrossim futuros pastores daquela seita; os *espíritas* já terão passado de dois mil; há ainda lojas maçônicas em várias cidades do bispado" (grifo nosso) (Azzi, 2000: 206).

Da intolerância religiosa às campanhas contra a "heresia espírita"

Segundo a periodização estabelecida pelo antropólogo Emerson Giumbelli, comentada no capítulo anterior, as ofensivas antiespíritas da Igreja Católica estariam situadas antes de 1890 e depois de 1950, quando os ataques provenientes da Igreja adquirem o formato de "campanhas" (Giumbelli, 1997: 37). Esta datação, em nossa opinião, fundamenta-se nas considerações de outro antropólogo, Renato Ortiz, que situa as primeiras condenações católicas às "heréticas evocações dos espíritos dos mortos" pelo Espiritismo no início do século, tratando-se, contudo, de uma "incompatibilidade teológica" (Ortiz, 1999: 203). Para ele, é apenas após 1952 que essa "incompatibilidade teológica" transforma-se em campanha sistemática de erradicação do adversário religioso. O porquê dessa atitude se explica no crescimento significativo do Espiritismo nas décadas de 1940 e 1950 enquanto produto de transformações na sociedade, como a urbanização e a industrialização (Camargo, 1973). Segundo Ortiz, "o problema é de concorrência religiosa" que coloca em xeque o monopólio estabelecido pela Igreja Católica desde o período colonial (1999: 203). Desta forma, toda concorrência que possa retirar adeptos de seu seio é tachada como herética e requer uma ação refreadora.

Seguindo este roteiro, procuramos refazer a trajetória de condenações e conflitos entre a Igreja Católica e o Espiritismo emergente no país, para confluir na questão da Carta Pastoral de dom Justino em Juiz de Fora.

A animosidade e disputas entre os dois credos remonta à Europa do século XIX, onde o Espiritismo de Léon Dennis se defrontava com o "Clero Católico" para mostrar suas "contradições" (Dennis, 1991) e o Tribunal do Santo Ofício colocava as obras de Kardec no *index* dos livros proibidos e os mandava queimar em praça pública (Damazio, 1994: 37, 63). Transpõe-se para o Brasil junto com a chegada do Espiritismo, estando presente nas acirradas polêmicas travadas a partir de 1867 entre o professor e jornalista baiano Teles de Menezes e dom Manuel Joaquim da Silveira, arcebispo da Bahia, em torno da crença na reencarnação e na comunicação com os mortos (Giumbelli, 1997: 56; Damazio, 1994: 67). Disputas essas que recrudescem nos anos oitenta do século XIX, através das Pastorais do Bispo do Rio de Janeiro ao Episcopado brasileiro, datadas de 1881 e 1882, nas quais este anatematiza a doutrina espírita, prontamente respondida pela revista espírita da *Sociedade Acadêmica Deus, Cristo e Caridade*, pelo espírita Elias da Silva, e em seguida no periódico *O Reformador*, órgão de difusão e de defesa das ideias do Espiritismo diante das condenações do Catolicismo (Damazio, 1994: 111-112).

Encontramos, ao longo das cinco primeiras décadas do século, registros de condenações ao Espiritismo, advindos do episcopado católico, como orientação geral para a Igreja do Brasil. Exemplos disso foram as conferências e palestras da *inteligentzia* católica que proliferaram pelo país, tratando de desqualificar teologicamente os pontos da doutrina, ou ainda a Pastoral Coletiva de Bispos da região sul de 1904, orientando os Seminários Católicos para que desenvolvessem na aula de "Apologética, o ensino contra o espiritismo e demais erros que lhes são conexos" (1904). Também a Carta Pastoral de dom Fernando Tadei, bispo de Jacarezinho, datada de 1931, citada no capítulo anterior, que, além da condenação explícita ao Espiritismo, apresentava uma relação de penalidades para aqueles que cometessem o pecado de praticar o Espiritismo.

Essas disputas doutrinárias e teológicas vão estender-se para o campo da ação religiosa e das obras sociais, tema que será enfatizado no próximo capítulo.

A partir de 1950, com a consolidação de uma situação de pluralismo religioso crescente no país, a Igreja Católica, ameaçada pelo crescimento do movimento espírita nos grandes centros urbanos, através da CNBB, lança a "Campanha Nacional contra a Heresia Espírita", com a criação da "Secção Antiespírita" do Secretariado Nacional da Defesa da Fé e Moral". Essa campanha foi confiada ao Frei Boaventura Kloppenburg (Ortiz, 1999: 205; Van Rossum, 1992: 69), quadro intelectual da Igreja apto a fazer o levantamento sobre o perigo do avanço espírita. Em artigo intitulado *Contra a Heresia Espírita*, frei Kloppenburg mostra, através dos dados do IBGE no Rio de Janeiro, que o número de espíritas passa de 1940 a 1950 de 75.149 a 123.775, justificando a mobilização católica contra essa expansão (Kloppenburg, 1952).

Esse frade notabilizou-se por realizar um combate doutrinário contra o Espiritismo, através de artigos publicados na *Revista Eclesiástica Brasileira* (REB) no período de 1953-1964, assim como organizou uma linha editorial de cunho apologético do Catolicismo ante o Espiritismo em publicações da Editora Vozes. Dentre outras obras, mencionamos: *O Espiritismo no Brasil. Orientações para os católicos* (1964), do próprio Kloppenburg, além de *Porque a Igreja condenou o Espiritismo*, *Livro Negro da Evocação dos Espíritos*, *A Psicografia de Chico Xavier*, todas da Editora Vozes, tendo a coleção o título *Vozes em defesa da fé*.

A "Campanha contra a Heresia Espírita" é desfechada em várias frentes: intenso combate doutrinário através da imprensa e do rádio católicos, reforço das instâncias rituais e simbólicas do Catolicismo como o culto dos Santos em contraposição aos *Espíritos* de luz, ênfase no poder curativo da bênção dos enfermos em contraposição aos passes magnéticos, e, por fim, sanções e penalidades aos católicos que mantivessem ligações com práticas espíritas, tendo como culminância dessas punições a excomunhão. Segundo Ortiz, "Kloppenburg chega a pregar a excomunhão dos fiéis que frequentam o espiritismo, leem ou simplesmente conservam livros espíritas, a proibição de enterrar adeptos do espiritismo pela Igreja, o casamento entre católicos e espíritas" (1999: 206).

A Carta Pastoral de Dom Justino e o "Juramento de Fidelidade à Igreja"

Em Juiz de Fora, dois modelos exemplares da ofensiva católica contra o Espiritismo emergente foram: a Carta Pastoral de seu bispo dom Justino José de Sant'Ana, datada de 1957, intitulada *A Igreja e o Espiritismo*, e o *Juramento de Fidelidade à Igreja*, muito empregado pela hierarquia no controle ideológico de seus fiéis.

A Carta Pastoral de dom Justino, ambígua quanto a sua sutileza e polidez, ao se referir aos espíritas como "irmãos separados" e orientar para que se fizesse uma "campanha de luz e amor, sem molestar ninguém", passa à intransigência ao classificar o Espiritismo como "doutrina herética" e reafirmar o julgamento e as sanções para aqueles que aderissem ao mesmo, já explicitadas na Carta de D. Fernando Tadei de 1931. Eis o teor da Carta do prelado:

> diante da propaganda do Espiritismo, que adota frases cristãs para melhor seduzir o povo, desejamos que se faça uma campanha de luz e amor, sem molestar a ninguém, mas fazendo sentir aos irmãos separados que não se pode criar e ensinar outra doutrina diferente daquela de Jesus. Os que não aceitam a Bíblia Sagrada (...), a integridade dos textos sagrados, mas deturpam os conceitos evangélicos, acomodando-os ao capricho da inteligência, são falsos emissários, embaixadores de Satã, "Lobos vorazes revestidos de pele de cordeiro!" (João, 2ª Epístola, versículos 7-11) (...), sendo o Espiritismo uma doutrina herética, que nega a divindade de Cristo, o mistério da Santíssima Trindade, a existência do céu, inferno e do purgatório, os católicos não podem ser solidários com seus escritos e obras. (...) os católicos devem saber que não há possibilidade nenhuma de alguém ser católico e espírita ao mesmo tempo (...). Sendo o Espiritismo condenado, em suas práticas pelo Deus, no Antigo Testamento (Deuteronômio, cap. 18, versículo 10,11), sendo uma doutrina herética, já condenada várias vezes por documentos oficiais da Santa Sé Apostólica, chamamos atenção para as penas eclesiásticas aos espíritas: Não podem receber sacramentos da Igreja, sem previamente abjurarem o Espiritismo e se reconciliarem com a Igreja (Cân.

> 731, 2). Não têm direito à Missa de sétimo, trigésimo ou aniversário de morte, a não ser que tenham dado o mínimo sinal de arrependimento (Cân. 1241). Não podem receber sepultura eclesiástica, isto é, encomendação ou ofício religioso fúnebre (Cân. 1240, 1). Não podem ser admitidos como padrinhos de batismo, nem de crisma (Cân. 765, 2 e 795, 2). Não podem ser batizados os filhos de espíritas, a não ser em perigo de morte (Cân. 750,1). Não podem os católicos casar com os espíritas (Cân 1060). Os espíritas são declarados excomungados, isto é, incluídos na pena de excomunhão, cuja absolvição está reservada, "de modo especial" ao Papa e à Santa Sé (Cân. 2314).

O conteúdo do documento reafirma a exegese católica dos textos sagrados como única, legítima, portadora da Revelação, ao passo que o "evangelho segundo o Espiritismo" se encontra no terreno de falíveis especulações humanas. Bastante categórico nos pontos de incompatibilidade entre as duas doutrinas, adverte aos católicos sobre a impossibilidade de conciliação entre elas: "não é possível aproximação doutrinal nenhuma entre aquilo que a Santa Igreja ensina e o Espiritismo apregoa".

Revelando através de suas preocupações a existência de uma real influência e atração do Espiritismo no meio católico, manifesta seu inconformismo diante dessa situação de fato, que expõe um constante incômodo aos membros da hierarquia:

> como é possível que certos católicos tenham fé e esperança e amor de Deus ao mesmo tempo queiram acreditar em mensagens de além-túmulo (...). Como é possível que muitos católicos colaborem com obras de assistência espírita, auxiliando "campanhas espíritas", frequentando cinemas, festas espíritas, ouvindo programas de rádio, recebendo, assinando, lendo, guardando folhetos, revistas, jornais, livros espíritas?

Apontando para a inconveniência e dubiedade de uma composição entre as duas doutrinas, exorta e exige uma tomada de posição, definição exclusiva de identidade, dentro dos parâmetros de uma concepção hegemônica de religião: "Ser católico na Igreja e herege na profissão social não é possível. Ser católico na Igreja e tornar-se indiferente, covarde quando se trata de defender e professar sua fé, não é possível!". Como forma de garantia das exigências de fidelidade ao catolicismo, as punições eclesiásticas ficam disponibilizadas para serem aplicadas, caso se tornem necessárias, punições severas e excludentes do convívio católico, das quais apenas a abjuração do Espiritismo e o arrependimento são as condições para a suspensão de tais penas.

Dando consequência às orientações contidas na Carta Pastoral, dom Justino determinava ações concretas no sentido de levar a cabo suas resoluções, ou seja, a introjeção nos católicos de uma mentalidade que os demarcassem, de forma hierárquica, do credo espírita, através do reforço de sua dogmática, simbologia e imagética:

> conforme determinamos na circular n. 2, dirigida ao clero e fiéis de nossa diocese no mês de agosto, uma semana de estudos sobre as heresias do espiritismo, terminando a mesma no dia da Assunção da Santíssima Virgem com o Juramento de Fidelidade à Igreja (grifo nosso).

O mencionado *Juramento de Fidelidade à Igreja*, ápice desse cerimonial, enquanto recurso simbólico e ritual para inculcar uma pertença exclusiva dos católicos a sua Igreja, acenando com o terror do limbo da apostasia, traição, culpa aos que fraquejassem nele, era aplicado a católicos paroquianos, estudantes de escolas católicas, enfim, a todos que pudessem sofrer uma influência do Espiritismo. O *Juramento* tentava ser um anteparo na defesa do Catolicismo, diante do avanço do Espiritismo, visando assegurar e renovar um compromisso do católico para com sua Igreja. Ele era recitado da seguinte forma:

> Em nome do Pai e do Filho e do Espírito Santo, diante de Jesus-Hóstia exposto (...) creio e confesso contra os erros do espiritismo, a existência dos Mistérios da Santíssima Trindade, da encarnação e redenção. Creio na existência do Céu, do Inferno e do Purgatório. Creio na existência dos anjos bons e dos anjos maus. Creio que Jesus Cristo me salvou com sua Paixão, Morte e Ressurreição gloriosa. Creio que fundou sua Igreja com ministros e Sacramentos, até o fim dos séculos. Prometo e juro diante de Jesus Sacramentado com o auxílio da Virgem Maria que jamais hei de assistir a uma sessão, que não lerei nem guardarei (...) livros, revistas, folhetos, jornais que defendam ou propaguem as heresias ou superstições do espiritismo (...), juro que não escutarei pelo rádio, nem de qualquer outro modo, doutrinas espíritas, nem ajudarei às instituições disfarçadas de cristianismo, não aprovadas pela Igreja Católica. Comprometo-me a velar pelo juramento de fidelidade, para conservar em minha família e na sociedade a pureza da fé e a integridade da doutrina cristã. Assim prometo, assim juro, amém.

Essas orientações pastorais, embora cercadas de uma advertência à não violência contra os espíritas, na verdade, por seu teor sectário e intolerante, estimularam o recrudescimento de um ambiente de hostilidade antiespírita, que se traduziu em eventos como: a tentativa de apedrejamento de uma exposição de livros espíritas por estudantes católicas lideradas por um sacerdote (Christo, 1994: 65) ou uma procissão de protesto contra a projeção de filmes espíritas de caráter beneficente, fatos que analisaremos no próximo capítulo.

Em suma, a mobilização antiespírita da Igreja de Juiz de Fora esteve assentada em dois vetores: a condenação – aos católicos simpatizantes do Espiritismo e aos próprios espíritas – e a iniciativa de conter o crescimento espírita na cidade, através de uma aceleração das obras sociais católicas, como veremos no próximo capítulo.

Conclusão

Uma projeção dos conteúdos expressos nesses documentos episcopais para nossa sociedade contemporânea permite-nos algumas reflexões que passamos a fazer.

A despeito do crescimento das outras religiões, da diversificação do campo religioso brasileiro e consequentemente diminuição da religião católica majoritária, o receio da Igreja Católica de evasão de seus fiéis que motivou as exigências de exclusividade parece ter sido atenuado pela capacidade de permanência de um Catolicismo – mais amplo que a Igreja Católica – ainda que sob a dinâmica *sincrética* de um "duplo pertencimento": "há muitas pessoas que, embora frequentem centros espíritas ou terreiros afro-brasileiros, e até mesmo comunguem de suas crenças, continuam identificando-se como católicos" (Giumbelli, 1995: 11).

Por outro lado, os esforços da hierarquia eclesiástica para moldar os católicos dentro de um figurino romanizado não foram exitosos; todavia, nem os católicos abandonaram definitivamente a Igreja por outras religiões, apesar do avanço pentecostal, nem deixaram de frequentá-las de uma forma complementar a sua religião principal. Desta forma, continua evidente o descompasso entre a orientação da cúpula da Igreja e o comportamento da massa dos católicos, tanto em questões de princípio, como métodos anticoncepcionais, aborto, divórcio, quanto no terreno das crenças, onde, por exemplo – na particular interface com o mundo espírita –, uma grande parte de católicos praticantes dizem acreditar na *reencarnação* (Sanchis, 1997: 106; Giumbelli: 1995: 11, n. 7; Soares e Piquet Carneiro, 1992: 40).

Enquanto o modelo de instituição católica continuar a contar com o pertencimento filial da massa dos católicos brasileiros, apesar das medidas impositivas e da rigidez de seus dirigentes, nem sempre levadas tão a sério por seus membros, o Catolicismo se reproduzirá no país, ao toque do "jeitinho brasileiro".

Visto de uma forma menos pragmática e mais engajada: o indivíduo católico pode hoje, apesar das intervenções normatizadoras e centralizadoras dos últimos Pontificados, das Cúrias e estruturas de poder eclesiais, respaldar sua atitude autônoma na vivência de sua fé na referência do Concílio Vaticano II, que apontou para uma postura de livre-arbítrio e consciência do fiel, na qual "quem na verdade sustenta a Igreja são os fiéis que, em seu senso de fé, não podem errar" (Constituição sobre a Igreja, 12)" (Greinacher, 1995: 20 [686]).

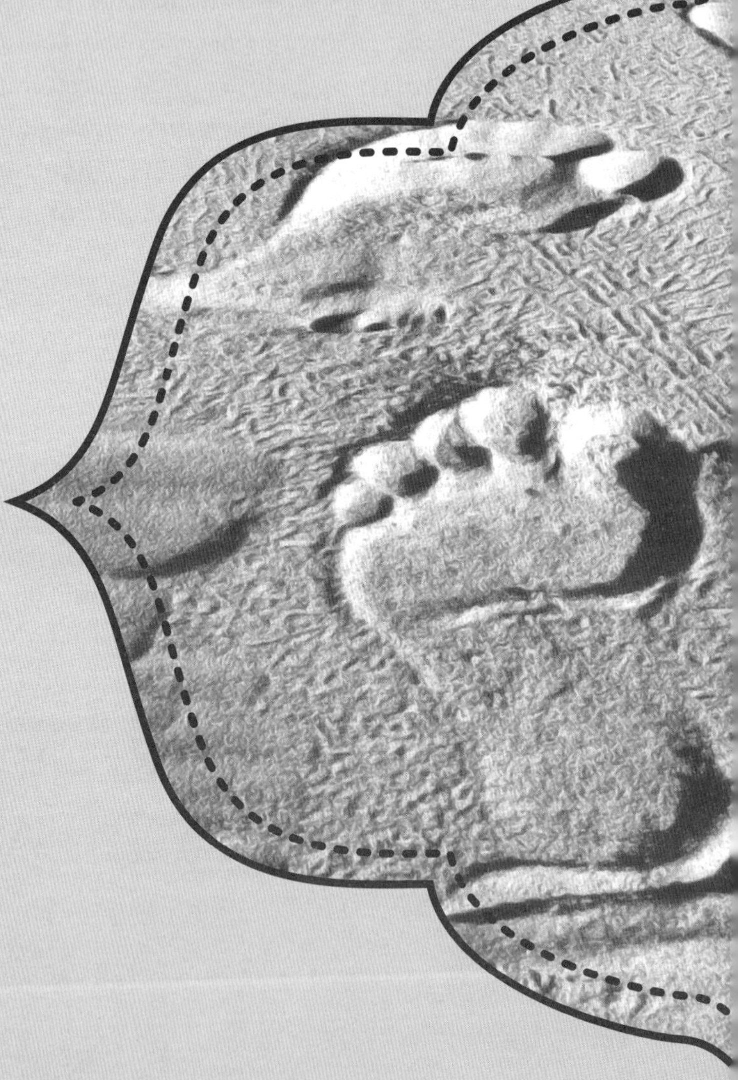

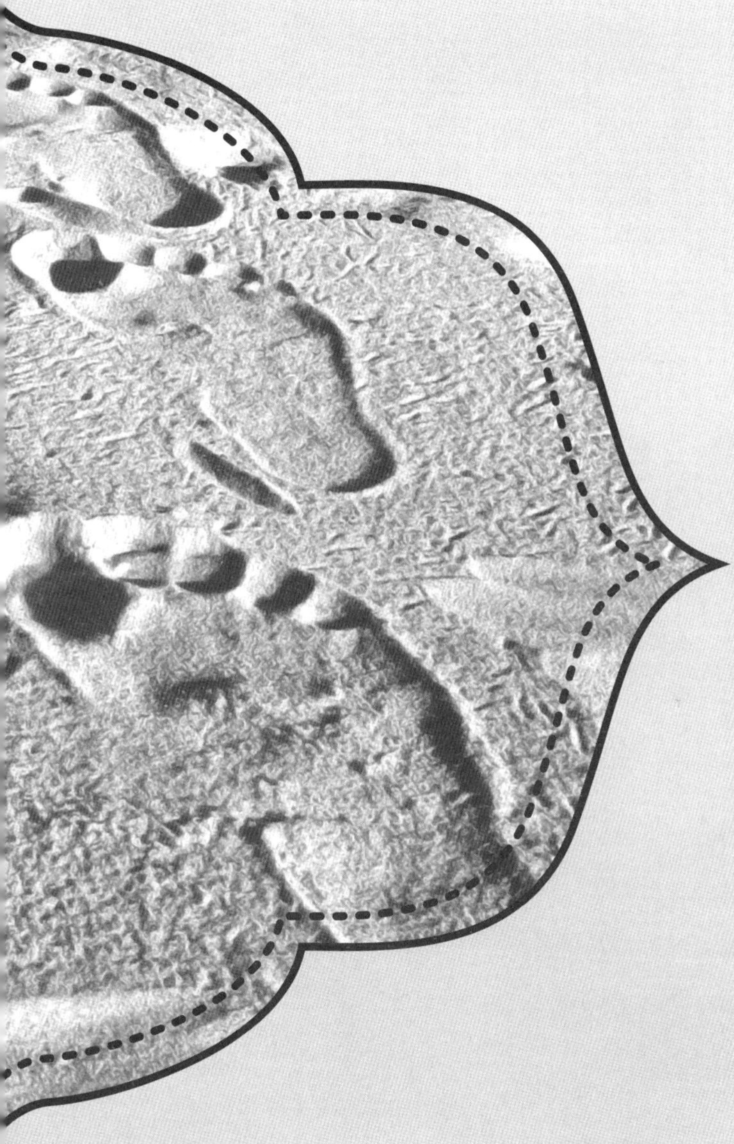

4

Competição religiosa entre Catolicismo e Espiritismo através de obras sociais na cidade de Juiz de Fora[4]

As disputas que se travaram no final do século XIX e nas cinco primeiras décadas do século XX entre a Igreja Católica majoritária e o Espiritismo kardecista emergente envolveram discussões e condenações doutrinárias no campo das crenças, mas também instrumentalizaram a realização de ações caritativas e obras sociais como objeto destas contendas. Este capítulo visa discutir como a virtude cristã da prática da *caridade*, cuja centralidade é marcante nas duas tradições religiosas, passa a ser utilizada como mecanismo de desqualificação e legitimação no processo de competição religiosa entre Catolicismo e Espiritismo. Tomando como base a cidade de Juiz de Fora no final do século XIX e nas primeiras cinco décadas do século XX, resenharemos toda uma série de iniciativas do Catolicismo e do Espiritismo na edificação de obras filantrópicas – asilos,

[4] O capítulo 4 é a versão modificada do artigo "Fora da Caridade não há religião: breve história da competição religiosa entre Catolicismo e Espiritismo Kardecista e de suas Obras Sociais na cidade de Juiz de Fora: 1900-1960", publicada em *Locus*, vol. 7, n. 1, 2001, p. 131-154.

albergues, creches – que serviram de base, no caso do primeiro, para sua estratégia de preservação do monopólio de sua presença junto à população, e no caso do segundo, de busca de legitimidade e reconhecimento pela sociedade: ambos visando consolidar-se perante ao Estado e à sociedade civil como competentes na prática dessa "utilidade pública".

A caridade como instrumento de legitimação pelo Espiritismo Kardecista e de monopólio da ação social pelo Catolicismo

Em fins do século XIX e início do XX, o Espiritismo nascente nas principais urbes brasileiras, diante das acusações de charlatanismo, curandeirismo e prática de medicina ilegal que lhe imputavam os poderes públicos, procurará legitimar suas crenças e práticas perante a sociedade através da bandeira da caridade. A mediunidade exercida com fins de cura, para eles, não se configurava atividade de rendimento, mas exercício de "caridade moral" para com a "humanidade sofredora". Como vimos no capítulo anterior, é como *religião*, e não como medicina, que procuravam "aliviar as dores físicas dos enfermos" e serem legitimados na sociedade brasileira. Em 1904, Leopoldo Cirne, dirigente da Federação Espírita Brasileira (FEB), diante de um processo que o denunciava por cuidar de doentes de varíola, defendeu-se dizendo ser essa cura espiritual "uma renovação das práticas dos primeiros cristãos, que também curavam enfermos" (Giumbelli, 1997: 176). As atividades kardecistas reivindicadas como circunscritas à prática da caridade funcionavam também como "divisor de águas" para as diferenciar da prática "da magia e do sortilégio" com que eram confundidas e acusadas pela religião dominante. O incremento, pelas instituições espíritas que iam surgindo, de uma vasta ação assistencial aos ditos inválidos da sociedade, tais como "consultas mediúnicas" aos enfermos, distribuição de remédios homeopáticos, manutenção de uma "Assistência aos Necessitados" que distribuía alimentos, roupas, fornecia albergagem, atendimento odontológico e ambulatorial aos desvalidos, visava distingui-las das "tendas" do "baixo espiritismo" em que "feiticeiros ou feiticeiras" atendiam as demandas individuais por sorte no emprego, saúde, amor e fortuna. Através desse complexo de atividades caritativas, o Kardecismo logrará granjear uma reputação de normalidade e respeitabilidade na sociedade, que o credenciará a um reconhecimento pelo Estado, que o viu com bastante suspeita em seu nascedouro (Giumbelli, 1997: 248).

Por sua vez, a Igreja Católica, com a Proclamação da República e sua consequente separação do Estado prescrita na Constituição de 1891, sente-se liberta das imposições governamentais para potencializar seu pleno alinhamento ao Vaticano – no que se chamou de processo de *Romanização* – e reivindicar do Estado laico um lugar preeminente na organização político-institucional-social enquanto "representante da religião majoritária dos brasileiros" (Della Cava, 1976: 5-52). Este processo de negociação da Igreja com o Estado Republicano laico visava, por parte da primeira, o estabelecimento de um modelo de *Neocristandade*, ou seja, uma sociedade moldada segundo os valores morais/culturais do Catolicismo. Desta forma, reivindicando-se a religião da "nação", logrou articular um arranjo com o Estado em que este lhe concede influência privilegiada em aparatos formadores de "consenso social" para a manutenção de sua *hegemonia* ideológica na sociedade – a família, a educação e as obras sociais – exercida desde a época colonial.

Essas negociações percorrem toda a "República Velha", quando instâncias diocesanas ocupam-se da reapropriação para a Igreja de bens imóveis e patrimoniais em poder do governo republicano, a despeito da oposição que lhes movem setores governantes da elite positivista e anticlerical (Miceli, 1985; Moura e Almeida, 1977: 321-342). Através de um reforço simbólico-ideológico aos poderes oligárquicos regionais – missas campais, procissões e outras encenações festivas em homenagem a efemérides e feitos desta elite –, conseguem obter "concessão de subsídios e empréstimos governamentais (...) em favor de instituições, ordens, dioceses, colégios etc." (Miceli, 1985: 110). Por fim, pela articulação de D. Sebastião Leme, o arauto da Romanização no país ante o Estado Laico, representado pelo governo Varguista do pós-1930, a Igreja Católica consegue arrancar, por meio da Constituição de 1934, concessões cruciais, como o casamento religioso inteiramente reconhecido pela lei civil e a proibição do divórcio, a educação religiosa nas escolas públicas e o financiamento pelo Estado de escolas da Igreja, seminários e hospitais católicos designados como de "utilidade pública". Por meio dessas concessões legitimadas na Constituição, a Igreja pôde exercer um maior controle ideológico na sociedade brasileira: como promulgadora, ao lado do Estado, do casamento, pôde influir na unidade básica da sociedade, a família; com pleno acesso para ministrar o ensino religioso nas escolas, passa a influir na formação ideológica da juventude; e, por fim, com a primazia para uma ação junto às massas desfavorecidas, através da filantropia, pôde consolidar uma imagem de benemérita junto à população brasileira (Della Cava, 1976: 5-52).

Isto significou um retorno aos privilégios do passado colonial e imperial – agora sem os constrangimentos da tutela estatal do Regime de Padroado – e a afirmação da Igreja Católica na sociedade brasileira como guardiã da moral e fiadora do comportamento da população.

Disputas doutrinárias e teológicas e a instrumentalização da caridade

Em 1908 o Dr. Luiz Barbosa, chefe da Diretoria-Geral de Assistência e Higiene Pública do Rio de Janeiro, lança uma obra inédita, intitulada *Serviços de Assistência no Rio de Janeiro*, que versava sobre um levantamento e cadastro das instituições públicas e privadas de assistência social. Ao se referir às obras sociais da "Federação Espírita" e da "religião católica", afirma "*equivalerem-se em sua faina humanitária*, porque esquecem (...) *toda a dogmática de suas escolas* para se preocuparem tão somente com o aproveitamento máximo de todas as suas dedicações" (grifo nosso) (Giumbelli, 1997: 246).

Aos olhos do higienista, preocupado fundamentalmente com os resultados sociais dessas iniciativas provenientes dos dois credos religiosos, a equivalência parecia justa, pois ressalta em ambas a iniciativa filantrópica e caritativa por sobre qualquer preocupação de proselitismo doutrinário.

Não obstante a credulidade do médico no propósito elevado e dadivoso desses dois *cristianismos* – enquanto totalmente apartados dos interesses ou, talvez, dentro de sua estratégia de aliança com as duas religiões, ao exaltar suas ações e tentar compatibilizar marcantes diferenças de seus parceiros de assistência à questão social –, o fato é que *interesses religiosos, competição religiosa e afirmação de identidade religiosa* moviam as duas instituições em sua prática de caridade.

A condenação doutrinária do Espiritismo pela Igreja Católica enquanto uma "heresia" perniciosa aos fiéis católicos foi sobejamente comentada nos capítulos anteriores. Lá também foram retratadas as Cartas Pastorais com a fundamentação teológica das condenações, as campanhas orquestradas contra o Espiritismo e as penalidades contra os católicos que partilhassem da doutrina espírita.

Por sua vez, também foi comentado a postura "evolucionista" do Espiritismo ante o Catolicismo, ao considerá-lo como seu "estágio anterior". Em relação ao Catolicismo menos "evoluído", o Espiritismo "prescindiria de 'mistérios' e 'símbolos'; não possuiria 'templos', 'altares', 'sacerdotes', 'sacramentos', 'dogmas', 'sacrifícios' ou 'inquisições' (...). Em contraposição ao catolicismo, o espiritismo era apresentado como o produto de uma 'fé consciente', fundamentada não só em uma 'prova experimental da existência da alma', mas também em uma 'filosofia aceitável pela razão'" (Giumbelli, 1997: 72).

Esta polêmica inicia-se com as publicações de Boaventura Kloppenburg numa série de artigos divulgados nos anos 50 pela *Revista Eclesiástica Brasileira* (REB) e, em seguida, na série *Vozes em defesa da fé*, assim como em suas obras *O Reencarnacionismo no Brasil*, *O Espiritismo no Brasil*, também pela Editora Vozes. O escritor espírita Mário Cavalcanti de Melo escreve *A Reencarnação e suas provas*, que é contestado por Boaventura Kloppenburg em *Reencarnação, Exposição e Crítica*. Este, por sua vez, recebe uma tréplica de Mário C. de Melo em *Como os Teólogos refutam*. O Padre Álvaro Negromonte escreve *O que é o Espiritismo* e é refutado por Deolindo Amorim em *O Espiritismo à luz da Crítica*.

Essas disputas doutrinárias e teológicas – veiculadas através da imprensa católica e espírita, das Cartas Pastorais, dos púlpitos das Igrejas, das salas de conferências das "reuniões públicas" espíritas e da grande imprensa – logo são estendidas para o terreno da *prática* religiosa, decisiva no que tange à adesão de adeptos e à presença na sociedade. Neste sentido, o Espiritismo despertava na Igreja Católica, até então soberana no campo da dita ação humanitária e de benemerência (tanto as confissões evangélicas quanto as religiões afro-brasileiras não se detinham sobre esse aspecto), um receio de concorrência eficiente.

Neste particular, vamos enfatizar estas contendas na perspectiva de Bourdieu (1987) e Berger (1985) numa dimensão mais *social* que *espiritual* ou existencial, que dizem *respeito a disputas por adeptos*, pela diretriz de suas consciências, onde com um maior ou menor grau de conservadorismo ou liberalismo os valores da ética religiosa, ao serem incorporados por indivíduos, criam uma legitimidade para essas instituições religiosas e um papel para elas dentro da sociedade maior. Será dentro da dinâmica da *concorrência na sociedade em transformação* – onde com pesos diferenciados, conferidos pela História e Cultura a cada um dos dois agentes sociais, o Catolicismo querendo preservar o domínio ideológico e cultural adquirido desde o período colonial e o Espiritismo buscando afirmar novas posturas religiosas para o indivíduo moderno – que devem ser colocadas as diferenças (autorreferidas como dizendo respeito ao transcendente) entre Catolicismo e Espiritismo. O antropólogo Renato Ortiz, estudando o avanço das ditas "religiões mediúnicas" (Espiritismo e Umbanda) ante o Catolicismo majoritário, coloca a questão em termos de "mercado religioso": "A Igreja ressente (...) o problema da concorrência religiosa; sua reação será a de recusar-se a pôr em xeque seu monopólio religioso legado pela história (...) toda modalidade religiosa concorrente que retira clientes de sua órbita é vista como herética (...) a Igreja pretende neutralizar a eficácia do recrutamento espírita desenvolvendo *intensamente um programa de assistência social*" (grifo nosso) (Ortiz, 1999: 203-206).

Acreditamos que seja no terreno da *ação social* (campanhas) que se pode observar o rendimento da eficácia das duas religiões contendoras enquanto "estruturas de plausibilidade" que se oferecem à escolha dos indivíduos. É principalmente pelo que se *faz* pelos indivíduos e *junto* com os indivíduos (*mobilização social*) que, nesse caso, pode ser medido o grau de adesão a uma religião. Dentro dessa ótica devem ser vistas as iniciativas do Sínodo Diocesano de Campinas de 1928, que prescreveu:

> para se combater eficazmente as satânicas mentiras do espiritismo, onde for possível, e de acordo com as condições de cada paróquia, fundem escolas católicas, hospitais católicos, farmácias católicas, porque com tais armas, terçadas seguindo nossa fé, certamente cessará a exploração dos sectários que, sob a capa da caridade, seduzem fiéis sem recursos, prometendo-lhes uma felicidade ilusória e quimérica (Benedetti: 162 apud Azzi, 1994: 26).

Da mesma forma, explica-se o comportamento do padre Antônio de Almeida Morais Júnior, vigário de Guaratinguetá, que fundou a Creche Gota de Leite, exatamente com a finalidade de conter as iniciativas caritativas dos espíritas (Azzi, 1994: 26).

A prática da caridade em Juiz de Fora nas obras sociais católicas e espíritas

Juiz de Fora assiste à modernidade republicana da separação da Igreja do Estado ainda sob uma forte influência do Catolicismo de Padroado (catolicismo como religião oficial de Estado no tempo do Império). Uma religião hegemônica, todavia, religião "exterior", de sociabilidade, na qual os fiéis eram meros "expectadores descompromissados" de "espetáculos pomposos". Um Catolicismo marcado "pela falta de catequese, de instrução religiosa (...), indiferentismo religioso, falta de militância dos católicos, acomodados e adormecidos" (Azevedo, 1997: 109).

Ao lado da expressiva maioria de católicos, detecta-se também o aparecimento de alternativas doutrinárias e religiosas com penetração nos extratos sociais da cidade, como já foi apreciado em capítulos anteriores. Por outro lado, os reflexos de uma modernidade religiosa, entendida enquanto religião ética e de opção pessoal, distinta de um catolicismo popular, atávico e festivo, alcançam a partir de 1890 a Igreja Católica em Juiz de Fora através do movimento *romanizador*. Isto se dá pela atuação de bispos reformadores, como Dom Silvério, e dos padres *romanizados*.

A ação reformadora desses padres visava a formação em sua própria doutrina da maioria católica acomodada e descompromissada pela vivência do Padroado. Enfim, buscando tornar os católicos tão definidos e conscientes de suas crenças como os protestantes, os espíritas ou os maçons. Parece-nos que, para o clero reformador de Juiz de Fora, a principal forma de manter a folgada maioria católica e conter a concorrência religiosa que ameaçava crescer era mobilizar, doutrinar e disciplinar suas hostes. Através de estruturas definidas e dinâmicas, como o jornal *Lar Catholico*, o *Apostolado de Oração*, a *Pia União das Filhas de Maria* e a *Liga Jesus, Maria, José*, visavam esclarecer a maioria católica de sua própria religião, a "única verdadeira!". Neste momento, pensamos que a beligerância contra as religiões emergentes é ainda complementar à "luta interna" pela conscientização dos católicos "não praticantes" no modelo tridentino. A criação das obras sociais inscreve-se nesse quadro de mobilização.

Dentro das diretrizes episcopais-clericais romanizadas, coube ao Padre João Emílio Ferreira da Silva a tarefa de coordenar a ação filantrópica da Igreja Católica em Juiz de Fora (Azevedo, 1995: 87). Esteve à frente do empreendimento que criou a obra social denominada *Associação Protetora da Pobreza*, para albergar mendigos que perambulavam pelas ruas frutos da abolição da escravidão, industrialização desenfreada, êxodo rural, que nessa época já se faziam sentir no processo de urbanização em Juiz de Fora. Iniciou a campanha para a construção de um *Asilo de Mendigos*, arrecadando somas consideráveis junto à elite local. No intercurso das iniciativas, decidiu-se direcionar o Asilo para abrigar meninas desamparadas pela orfandade. Esta obra consumiu toda a sua breve vida de 37 anos, quando veio a falecer vítima de pneumonia. Manteve coluna regular no jornal *O Pharol* entre agosto e novembro de 1894, em que tratava do tema do auxílio aos pobres, artigos esses reunidos em um bloco sob o título "As Instituições de Caridade" (Azevedo, 1995: 87-88). Desenvolveu essa ação caritativa inspirada nas Encíclicas Sociais do papa Leão XIII, na qual se aceitava "a pobreza como desígnio divino" e "insistia-se na construção de obras assistenciais sob a tutela da Igreja, que serviria de 'ponte' entre ricos e pobres. Os ricos, através das instituições caritativas, aliviariam suas bolsas e suas consciências, melhorando a situação dos indigentes e estes 'conquistados' por tanta 'bondade', reflexo do amor e misericórdia do próprio Deus, contentar-se-iam com o que lhes é oferecido nesta vida, esperando as riquezas da vida eterna" (Azevedo, 1997: 89).

Como parte da estratégia *romanizadora* perpetrada pela hierarquia da Igreja de contar com quadros adestrados teológica e moralmente alinhados às diretrizes do bispo e do clero, chegaram ao país as ordens religiosas estrangeiras. Em Juiz de Fora, as ordens e congregações que se ocuparam das obras caritativas foram: "as Irmãs de Santa Catarina, com sua Escola dos Pobres (...); as Irmãs do Bom Pastor, com seu Asilo João Emílio" (Christo, 1994: 95). Na esteira do *know-how* que as religiosas possuíam na área de atendimento à saúde e no trabalho em hospitais – por isso chamadas pela população "irmãs de caridade" (Azzi, 2000: 173) –, chegaram da Europa, em 1898, as Irmãs de Santa Catarina, para a gestão da Santa Casa de Misericórdia, inclusive "uma delas enfermeira com o título de habilitação obtido em Berlim" (Azzi, 2000: 173). Essas obras sociais visavam recuperar o desgastado tecido social no sentido de uma *neocristandade*, ou seja, enfrentar a exclusão social restaurando a influência católica na cultura e no estilo de vida da população marginalizada, submetida a todo este *bouleversement* que a modernização, a urbanização e a industrialização legaram à cidade: "tratava-se (...) de difundir a 'moralidade' entre as meninas pobres, afastando-as das margens do Paraibuna, então área de prostituição, e aproximando-as de Deus e das fábricas" (Christo, 1994: 96).

Entre outras iniciativas caritativas de vulto perpetradas pelo Catolicismo na cidade – estas sob o comando do chamado laicato católico, e menos da instituição hierárquica da Igreja –, podem ser mencionadas a construção da *Santa Casa de Misericórdia*, a *Irmandade do Pão de Santo Antônio* e as *Conferências Vicentinas*.

No caso da Santa Casa, depois de anos de gestão tradicional da Irmandade dos Passos e as crises financeiras que daí advieram, o comando da instituição passa ao Dr. Brás Bernardino, novo juiz da comarca em 1897, que busca imprimir nela uma modernização dos serviços; para tal, contando com o concurso, já em período de *romanização*, da congregação religiosa das Irmãs de Santa Catarina, encarregadas por este da administração da Santa Casa – superintendência do Hospital e da Farmácia (Azzi, 2000: 173).

Quanto à *Irmandade do Pão de Santo Antônio* e as *Conferências Vicentinas*, estiveram à frente delas também figuras da elite católica local, como os comerciantes Francisco Batista de Oliveira e Aprígio Ribeiro de Oliveira. Nos dois casos a finalidade das instituições era a distribuição de alimento e agasalho aos necessitados. No caso da *Conferência de São Vicente de Paulo* – associação de leigos para a caridade, fundada na França pelo leigo Frederico Ozanan e trazida ao Brasil pelos padres Lazaristas franceses em tempos de *romanização* (Azevedo, 1997: 123) –, sua instalação em Juiz de Fora data de 1894, apoiada pelo vigário *romanizado* padre Café e instalada junto à igreja matriz. Essa obra social tem seus núcleos dirigidos por figuras de expressão da elite local, como Brás Bernardino e Aprígio Ribeiro, este último, seu mentor maior e presidente do Conselho da Sociedade desde 1910 (Azzi, 2000:

177). As conferências mantiveram obras sociais diversificadas como uma "Vila das Viúvas", depois "Recolhimento de São Vicente de Paulo", onde eram abrigados os *sem-teto* da época e praticada a ajuda financeira às famílias desassistidas, assim como a distribuição de roupas aos pobres, visita e assistência aos encarcerados e escola noturna. Havia, também, uma versão feminina das Conferências, as "Damas da Caridade", que realizavam suas atividades sob a direção do vigário local (Azzi, 2000: 177).

Vale dizer que as Conferências Vicentinas são consideradas precursoras da *Doutrina Social* de Leão XIII e da *Rerum Novarum*, o que colocava o conjunto das iniciativas sociais ocorridas em Juiz de Fora em sintonia com o que estava acontecendo de mais avançado nas práticas do Catolicismo europeu. Fundadas por Ozanan no ambiente universitário, em meio às discussões com correntes socialistas, trazem a marca de uma racionalidade moderna, na qual compaixão e ação metódica parecem combinar. Assentadas no que chamam de "metodologia da caridade", buscavam emprestar uma *racionalidade* na assistência aos pobres, através de método sistemático, em torno de um *planejamento* das ações e avaliação dos resultados (Novaes & Fonseca & Nascimento, 1995: 27-49). Neste sentido, podemos notar, no aspecto moderno e inovador dessas ações, afinidades com o Espiritismo em sua proposta de combinação entre "ciência" e "religião".

Outra característica desse conjunto de obras sociais católicas que podemos comparar com um estilo das obras espíritas é o que Azzi sublinhou como a *autonomia* e *independência*: "mantida[s] por esse laicato [católico] na fundação e manutenção das obras assistenciais (...) sob a inspiração cristã (...)

[mas] sem vínculos de dependência da autoridade eclesiástica" (Azzi, 2000: 267). Em ambos os casos – católico-leigo e espírita – pela iniciativa para a consecução de essas obras estarem situadas numa classe social abastada – comerciantes, industriais, médicos, bacharéis, jornalistas, militares – seu grau de *autonomia* e *autossustentação* é bastante considerável. Inclusive pela posição e prestígio social que ocupavam, esses indivíduos estavam aptos a gerar a estrutura necessária – compra de terrenos, edificação de imóveis, obtenção de alvarás e concessões dos poderes públicos –para a realização das obras. A comprovação de que estes beneméritos, independentemente da filiação religiosa – católica ou espírita –, estavam situados num mesmo extrato social é exemplificada pelo fato de os personagens-chave de um e outro conjunto de obras de caridade pertencerem, às vezes, às mesmas famílias da aristocracia local, como os católicos Henrique Halfeld, da Irmandade mantenedora da Casa de Misericórdia, o Coronel Francisco Mariano Halfeld, membro das Conferências Vicentinas, e o espírita Ali Halfeld, da Casa Espírita, farmacêutico e sócio-proprietário da Drogafar S&A. Em nosso entender, aqui parece manifestar-se a tendência de modernidade e pluralismo já apontada acima. E junto com essa tendência, segundo Peter Berger, uma progressiva racionalidade nas instituições religiosas que as tornam – independentemente de suas tradições teológicas e doutrinárias – cada vez mais semelhantes umas das outras no que tange a sua estrutura funcional (Berger, 1985: 151). Para o sociólogo, pouco importa se o modelo de religião é episcopal ou comunitário, se a crença se baseia em dogmas ou na razão, conquanto as atividades administrativas sejam cada vez mais regidas pela mesma lógica burocrática e racional.

Porém, ao lado e como reação à modernidade e pluralização iniciante, observa-se um inequívoco movimento de arregimentação deste laicato católico à instituição da Igreja Católica e a sua hierarquia clerical-episcopal romana. Iniciativas como a da realização do I Congresso Católico Mineiro em Juiz de Fora e a criação de movimentos leigos como a *União Popular* e a *União dos Moços Católicos*, sob a orientação e assistência de ordens religiosas como os redentoristas, marcam a perspectiva de uma campanha para reduzir as organizações católicas de leigos a um "braço armado", "correia de transmissão" do clero e consequentemente subordinação da estrutura assistencial e caritativa destes em "instrumento de guerra" contra as religiões competidoras (Azzi, 2000: 267-268).

Por sua vez, como vimos nos capítulos anteriores, o Espiritismo surge em Juiz de Fora, fruto das transformações culturais que a industrialização e urbanização lograram realizar na cidade, criando um ambiente propício à proliferação de novas doutrinas religiosas e filosóficas praticadas por camadas médias e letradas receptivas às novidades e em meio à proximidade da capital federal.

Por outro lado, como referido acima, esse mesmo desenvolvimento urbano industrial veio acompanhado de uma série de problemas: deficiências sanitárias, analfabetismo, miséria dos proletários que recebiam salários aviltantes em descompasso com a subida nos preços dos alimentos e aluguéis, e ainda uma população excedente de trabalhadores disponíveis, resultante do processo de imigração e abolição, o que contribuía para o agravamento dessa situação de exclusão social (Oliveira, 1994: 45-51).

Devido às imensas carências da população e a reconhecida precariedade da saúde pública, o Espiritismo se legitimará perante a população dos grandes centros urbanos como uma das formas terapêuticas mais acessíveis e eficazes. Não será através de sua parte doutrinária que o Espiritismo granjeará o apoio da população, mas através de um grupo seleto de espíritas médiuns – provenientes das camadas médias e letradas – que o movimento espírita poderá fazer um elo de ligação com o povo e aumentar seu prestígio. Nas palavras de Damazio: "de fato, o Serviço de Assistência ficou sendo a ponte entre a elite da FEB (Federação Espírita Brasileira) e as massas populares. (...) Eram os populares (...) que lotavam as dependências do Serviço de Assistência, onde os médiuns se revezavam no atendimento à 'multidão de doentes' (...) eram os pobres, os desassistidos (...) que se voltavam para a homeopatia, a água fluidificada e os passes magnéticos dos [médiuns] receitistas. Enquanto as reuniões (...) eram frequentadas por um reduzido número de pessoas (...) estima[-se] em trinta ouvintes, no máximo, as conferências públicas – e as edições quinzenais do Reformador se restringiam a duzentos exemplares, o Serviço de Assistência atendia, diariamente, um grande público" (Damazio, 1994: 129). A autora traz dados que apontam para o ano de 1910 uma expedição de "240.652 receitas" e "395.437 presciçóes aviadas" (:129).

O Espiritismo em Juiz de Fora vai pela mesma trilha que seguiu em outros centros urbanos, tendo no exercício da caridade a fundamentação para suas atividades de *cura*, assim como, fazendo da caridade, elemento de distinção de suas práticas com a "feitiçaria e sortilégio".

Em pesquisa recente sobre as instituições espíritas no Rio de Janeiro, Giumbelli detecta que "o fato de uma instituição [espírita] não se definir como 'obra social' não a impede de eleger entre seus objetivos e suas finalidades preocupações assistenciais. Daí termos um universo no qual cerca de 70% das instituições declarem fins assistenciais (...). Trata-se, assim, de uma situação semelhante à do catolicismo, cujas paróquias são estruturas institucionais que, mesmo designando comunidades de culto, incorporam na quase totalidade das vezes preocupações sociais" (Giumbelli, 1995: 46). Na maioria dos centros espíritas, o estudo e a divulgação da doutrina encontram-se associados à assistência espiritual-social, "isto indica [que] (...) a articulação entre motivação religiosa e atividade assistencial é confirmada, pois a última não existe desvinculada da primeira. É porque a caridade faz parte da doutrina espírita que a filantropia toma sentido" (Giumbelli, 1995: 46).

Corroborando com esse padrão atual, encontramos no Espiritismo emergente em Juiz de Fora do início do século o papel da ação caritativa como a atividade concreta dos centros espíritas paralela à prática do estudo doutrinário e religioso. Senão vejamos: como extensão dos trabalhos do Centro Espírita "União, Humildade e Caridade" é criado em 1903 o "Albergue dos Pobres", visando o amparo das viúvas (*O Médium*, 1971). Nessa mesma linha será fundada mais tarde pela "Casa Espírita" o "Abrigo João de Freitas" para velhos desamparados e viúvas com filhos pequenos (*O Semeador*, 1929). Dentro do estilo "kardecista" de ação caritativa, orientado pela Federação Espírita Brasileira, é instituído pela "Casa Espírita" o "Natal dos Pobres", em 1920, com distribuição de alimentos, doces, roupas a 300 pobres, "sem distinção de credo religioso" (*O Semeador*, 1921). Em 1923 é criada a "Caixa de Natal dos Pobres", destinada a custear a atividade do Natal (*O Semeador*, 1984). Em 1921, em um galpão, passa a funcionar a "Escola Primária João Lustosa", que oferece ensino às crianças pobres, e já em 1929 a escola "continua a facilitar ensino gratuito, estando nela matriculado crescido número de alunos" (*O Semeador*, 1929), sendo elogiada pelo então inspetor municipal (*O Semeador*, 1922). Em 1923, contíguo à "Casa Espírita", é adquirido um terreno para a construção do "Instituto Profissional Eugênia Braga", destinado a educar profissionalmente moças e meninas carentes. Em 1929, já "se encontra plena e regularmente funcionando com aulas de bordados, pinturas, costuras, chapéos, dactylographia, piano e desenho (...) numero de alumnos (...) crescido com assiduidade e adeantamento" (*O Semeador*, 1929). Em 1935, como extensão das atividades do Centro "União, Humildade e Caridade", surge o "Departamento de Assistência Infantil Marina Lustosa", para fornecer enxovais para mães necessitadas, e, em 1938, o "Departamento Centro Maria de Nazaré", atuando no bairro popular de Benfica (*O Médium*, 1971). No Centro Espírita "Seara de Jesus", outras escolas foram criadas com a mesma finalidade, como a "Escola Espírita de Evangelização Dona Tita". O Centro Espírita "Seara de Jesus" foi ainda responsável pela criação da "Sociedade Beneficente Sopa dos Pobres" e pela "Campanha do Quilo", que mantinham uma dinâmica bastante eficaz na coleta de doações de alimentos e em sua distribuição aos necessitados (*O Médium*,1961).

Segundo a autoavaliação das associações espíritas de Juiz de Fora, será "pelas obras pias que pratica e pelos ensinamentos que distribui" que estas vem ganhando o respeito da sociedade (*O Semeador*, 1922). Esta avaliação corresponde às análises mais gerais sobre o êxito do Espiritismo nas demais metrópoles: "o fato incontestável é que, tanto no Rio de Janeiro quanto no restante do país, popularizou-se o Espiritismo cristão com seu corolário: a prática da caridade através do atendimento aos necessitados" (Damazio, 1994: 143).

Segundo Simone Oliveira, "mesmo que o Espiritismo [em Juiz de Fora] não tenha conseguido adeptos entre aqueles a quem socorria, sua disponibilidade e sua vocação para exercer a caridade conseguia, ao menos, o respeito por parte dos não espíritas, principalmente porque eram assistidas todas as pessoas que precisassem, independentemente do credo por elas professado" (Oliveira, 1998: 43; *O Semeador*, 1921). Isto corresponde à situação do Espiritismo no Rio de Janeiro à mesma época, analisada por Damazio, quando afirma que da "multidão de doentes" atendida pelos médiuns espíritas, "provavelmente, grande parte não era espírita, não estava interessada [em questões doutrinárias]" (Damazio, 1994: 129). Esta parece ser ainda a situação que transparece na recente pesquisa de Giumbelli, quando a maioria dos Centros Espíritas entrevistados oferece "assistência material e espiritual *para pessoas em sua maioria não adeptas do Espiritismo*" (grifo nosso) (Giumbelli, 1995: 52).

Se afirmamos acima que existia um acirrado nível de competição por adeptos entre Catolicismo e Espiritismo que norteou suas ações caritativas, no que tange ao Espiritismo, a resultante de suas iniciativas no campo da caridade não parece ter tido sucesso, se pensarmos no baixo número de aderentes fruto dessa ação. Todavia, avaliamos que, em seu processo de busca de crescimento e ampliação no campo religioso e na sociedade brasileira, o Espiritismo realizou uma *divisão de trabalho*. Através de sua faceta doutrinária filosófico-científica, buscou mostrar sua superioridade ao Catolicismo, com isso angariando adeptos nas camadas médias e na elite e através de sua faceta religiosa-caritativa, logrou angariar um grande prestígio difuso, mas disseminado em toda a sociedade.

A prática da caridade no Espiritismo termina por funcionar como seu *cartão-postal* para a sociedade. Aliada aos instrumentos de formação e difusão doutrinária (centros, federações, institutos culturais, associações profissionais, imprensa e editoras), constituem a *parte visível* e o aparato material dessa corrente religiosa, nos inúmeros hospitais, escolas, asilos e orfanatos, inclusive aprofundando o compromisso com o movimento espírita por parte dos indivíduos que aderiram a ele, pois serão estes os artífices das ações de caridade: "De um lado, estão os espíritas que 'dão', 'esquecem-se de seu eu', dedicando-se ao *Bem*, e ao fazê-lo ajudam não só o outro como a si próprios, 'ganham pontos' para outra encarnação. De outro lado, os pobres que 'recebem' não só ajuda concreta como a oportunidade de tornar aquela existência de provações o início de sua redenção" (Cavalcanti, 1983: 66). Pois todos sabem que a prática da caridade é condição *sine qua non* para ser espírita. Segundo Cavalcanti, "toda tarefa espírita é em sentido amplo caridade, pois é um serviço de amor ao próximo. Receber espíritos sofredores na reunião de desobsessão é caridade, dar um passe num frequentador é caridade. Contudo, as tarefas designadas como de caridade são as obras assistenciais em geral e (...) o atendimento fraterno" (Cavalcanti, 1983: 65). Enfim como apregoa a consigna kardequiana: Fora da Caridade, não há salvação!

Competição religiosa e obras sociais: Perspectiva católica de preservação do monopólio religioso e busca espírita por legitimação em Juiz de Fora

Os primeiros sinais evidentes em Juiz de Fora da *caridade* utilizada como instrumento de competição religiosa vêm do Catolicismo Romanizado – sob a direção dos bispos locais e sua estrutura hierarquizada de um clero diocesano e ordens religiosas fiéis e disciplinadas –, sugerindo que este Catolicismo já se fazia sentir ameaçado em seu monopólio das obras sociais pela presença crescente do kardecismo. Nas resoluções do "I Congresso Católico Mineiro", realizado em janeiro de 1910, em Juiz de Fora, constam várias passagens nesse sentido. No item III de seus Anais, intitulado "Instituições de Caridade", a cargo do padre João Castilho Barbosa, está registrado: "espera-se que os estabelecimentos de caridade de Juiz de Fora tenham seus compromissos feitos, *sob a inspiração da Igreja*, pois é justo que a caridade, filha de Cristo, *seja feita pela Igreja* que (Ele) fundou; é da Igreja a glória de tais fundações" (grifo nosso). Ainda nos trabalhos do Dr. João Nunes Lima: "o Congresso Mineiro julga ser de "grande conveniência evidenciar-se bem claramente o caráter cristão em todas as instituições de caridade, fundando-se associações, *exclusivamente católicas*" (grifo nosso) ou ainda na conferência do Dr. Pinto de Moura intitulada sugestivamente: *A Caridade é Católica* (I Congresso Católico Mineiro – Trabalhos e Resoluções,1910).

Essas orientações de cunho mais intelectual dos primeiros anos do século XX tornam-se "letra de lei", contra a influência crescente do Espiritismo nos fiéis católicos, através da Carta Pastoral do bispo dom Justino José Sant'Ana de 1957, na qual ele inquire e adverte sobre o erro que cometem católicos ao ajudarem as obras sociais espíritas (Carta Pastoral,1957). Como vimos no capítulo anterior, essas advertências transformam-se em exigência de compromisso quando o bispo faz circular entre católicos um *Juramento de Fidelidade à Igreja*, aplicado a todos paroquianos da diocese e estudantes de escolas católicas, no qual, entre outras renúncias em relação ao Espiritismo, devia-se jurar "não ajudar instituições disfarçadas de cristianismo, não aprovadas pela Igreja Católica" (Juramento de Fidelidade à Igreja, 1957).

Essas orientações pastorais, embora cercadas de uma advertência à não violência contra os espíritas, tinham um alvo determinado, estimulavam ações que visavam atingir os pontos os quais o Espiritismo fazia concorrência ao Catolicismo majoritário:

atividades espíritas de difusão da doutrina e campanhas para manutenção de suas obras sociais. O resultado dessas exortações contidas nos documentos do bispo juizforano foi: uma tentativa de apedrejamento, por um agrupamento de alunas do Colégio Stella Matutina, lideradas pelo padre Saulo, capelão do colégio, a uma exposição de livros espíritas, situada numa casa de comércio (Christo, 1994: 65), assim como a organização de uma procissão de protesto, liderada por um sacerdote católico, em frente ao cinema Paraíso, que promovia a projeção de filmes de caráter beneficente para arrecadar fundos para obras assistenciais espíritas. Convém traçar aqui a conexão do fato acontecido com os termos da Pastoral de Dom Justino, em sua inquirição: "como é possível que católicos colaborem com obras de assistência espírita?", que recriminava a presença de católicos em "campanhas espíritas, *frequentando cinemas*" (*Carta Pastoral*, 1957). Da mesma forma, existe a ligação com o *Juramento de Fidelidade* no compromisso jurado, de que não se vai "ajudar instituições disfarçadas de cristianismo, não aprovadas pela Igreja Católica", numa clara alusão às obras espíritas.

O quão distantes estamos aqui da ação caritativa marcada pela isenção dogmática que o Dr. José Barboza saudou em seu Relatório das Obras Assistenciais de 1908!

Por seu lado, a estratégia espírita enquanto corrente religiosa minoritária, todavia em processo de expansão, era de obter uma *legitimação* na sociedade e, para tal, buscava, dentro de uma ética persuasiva e não belicosa, o convencimento de novos adeptos descontentes com o que a religião majoritária oferecia. Neste sentido, possuía um *capital simbólico* investido nesse processo de concorrência com o Catolicismo, que era o de apresentar-se como um *cristianismo renovado*, liberto dos dogmas e superstições católicas, complementar a Filosofia e a Ciência e adequado à modernidade.

Identificamos um *processo concorrencial* nas orientações programáticas que fazem a seus adeptos no sentido de se demarcarem de práticas católicas, consideradas anacrônicas, estabelecendo assim um código de valores do "bom espírita" que "não vai à igreja (...), não tem imagens à mesa de cabeceira da cama, não se confessa, não se comunga, não se casa religiosamente, não acompanha procissões" etc. (*O Semeador*, n. 30, maio de 1923).

Desta maneira, do lado do Espiritismo, não significa dizer que a organização de suas obras sociais estivessem imunes a qualquer *proselitismo religioso*, mesmo que o grande público de necessitados alvo da caridade espírita (material, moral) não fosse de convertidos à doutrina.

Ao relacionar o "serviço assistencial espírita" de cunho "beneficente, preventivo e promocional", "ajuda material e espiritual", "às necessidades de *evangelização*" (grifo nosso) (FEB,1988), o que se traduz na "obrigatoriedade de que as pessoas atendidas assistam reuniões doutrinárias" (Giumbelli, 1995: 55), o Espiritismo utiliza *de fato* a prática da caridade como meio de conversão. Mesmo considerando o baixo resultado prático no recrutamento de adeptos para o Espiritismo pela via da caridade, no que tange à população de baixa renda "assistida" pelas obras sociais espíritas, pois "a doutrina sistematizada de Kardec era de difícil compreensão pelas massas incultas" (Damazio, 1994: 101), nota-se uma perseverança nessa prática. A justificativa para tal insistência encontra-se na "concepção de caridade espírita, [na qual] se deve dar não só a ajuda material de doação de bens", mas "dotar aquelas pessoas de meios para obtenção de recursos próprios como ajuda moral. Daí a prática da caridade abranger não só a distribuição de mantimentos [mas] (...) o estudo da doutrina" (Cavalcanti, 1983: 67). Uma assistente social espírita do "Centro Ivon Costa", em

Juiz de Fora, relatou-nos da obrigatoriedade para mulheres carentes de assistirem a uma palestra antes da distribuição dos "cestões" de alimentos, o que para ela – do ponto de vista da evangelização – resultou inócuo, pois conhece uma família já em três gerações que vem pegar as cestas sem que tenham assimilado a doutrina.

Mas se pensarmos em termos da caridade como "assistência espiritual", veremos que os "sistemas terapêuticos [espíritas] possuem considerável prestígio entre a população (e não apenas entre as camadas populares)" (Giumbelli, 1995: 52). Desde sua presença no país, o Espiritismo teve, entre a elite e a burguesia do Império e da República Velha, pacientes de seu sistema de cura: "figuras de importância do senador Quintino Bocaiúva e do presidente Prudente de Morais recorreram aos [médiuns] receitistas (...). O mesmo médium que receitou para o presidente, Domingos Filgueiras, foi consultado pelo ministro da Rússia em Paris (...). Casos de tratamento de aristocratas por receitistas podem ser citados, como o do filho da Baronesa de Taquara, atendido por João Gonçalves do Nascimento, *o mesmo que curara o Dr. Bezerra de Menezes de uma dispepsia em 1882 – antes, portanto, da conversão do ilustre político ao Espiritismo*" (grifo nosso) (Damazio, 1994: 128). Mesmo que no extrato dominante da população também se confirme a tendência de o Espiritismo possuir mais clientes que membros, como assinalou Damazio, é desse segmento de onde provém as *conversões* à doutrina, conforme apreciado no segundo capítulo, no trecho que tratou da adesão ao Espiritismo de membros da elite carioca, como médicos, advogados, militares e funcionários públicos (Damazio, 1994: 8, 137).

Portanto, pode-se verificar que a "caridade espiritual" – visando mitigar os sofrimentos dos indivíduos (doenças, depressões, separações, mortes, problemas familiares, vícios, drogadicção etc.), através dos "tratamentos espirituais": passes magnéticos, sessões de desobsessão, "operações espirituais" – resultou em eficaz veículo de *conversão* e *adesão* ao Espiritismo, inclusive produzindo lideranças do movimento. Um presidente de Centro Espírita nos declarou que "as pessoas chegam ao Espiritismo pela dor e, ao receberem do Plano Superior o benefício e a consolação, passam a condição de retribuir, tornando-se habilitados na doutrina para dar aos outros aquilo que receberam".

Conclusão

Para o Espiritismo em Juiz de Fora – assim como no resto do Brasil –, o exercício da caridade logrou assegurar reconhecimento e popularidade para o movimento que se traduz no número considerável de instituições kardecistas na cidade e na alta frequência a elas. Isto vem confirmar a autoavaliação que a Federação Espírita Brasileira fez de sua performance no começo do século: "de perseguidos e ridicularizados que eram no começo, passaram os espíritas (...) a ser alvo do respeito e do acatamento geral a suas convicções. Esse resultado é principalmente devido às curas espirituais produzidas (...) com o concurso dos médiuns curadores" (*Federação Espírita do Brasil*, 1904).

No caso do Catolicismo – que ao longo de seu período de Romanização comportou-se nos marcos de uma intolerância religiosa e fez de suas obras sociais uma "máquina de guerra" contra o Espiritismo e outras religiões emergentes no país –, sob a influência dos ventos renovadores do Concílio Vaticano II, passou a incorporar em seu ideário conceitos de conjunção para com a alteridade religiosa, como *Ecumenismo e Diálogo Inter-Religioso*.

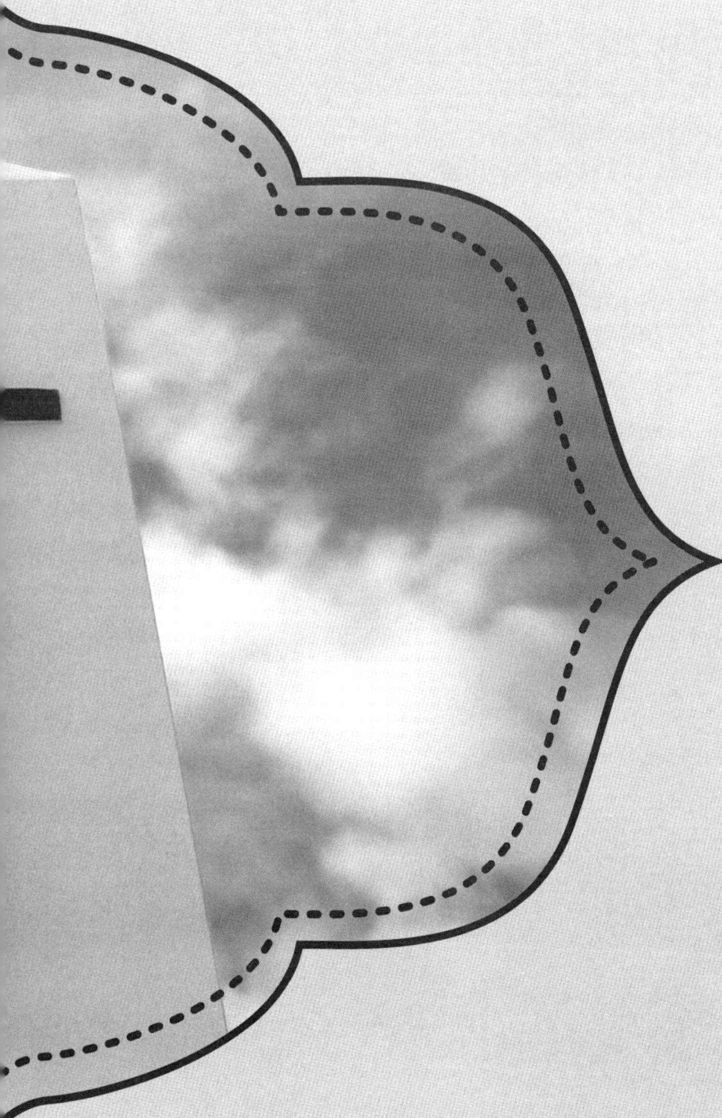

5

A Nova Era e o Cristianismo histórico[5]

O tema da Nova Era preocupa e continua desafiando setores formadores de opinião nas sociedades modernas, assim como as religiões instituídas, particularmente a Igreja Católica. O papa João Paulo II produziu um documento alertando sobre sua influência "insinuante" no meio católico (apud padre Joãozinho, 1994: 11), o Cardeal Daneels também se pronunciou sobre a questão numa Carta Pastoral divulgada no Natal de 1990, intitulada "Cristo ou aquário?" (Daneels, apud padre Joãozinho, 1994: 93-138). A CNBB realizou em 1994 um simpósio, intitulado "III Simpósio sobre o pluralismo religioso", no qual tratou o tema. A Nova Era é um fenômeno de religiosidade que vem disseminando-se nas camadas médias análogo ao que ocorre nas camadas populares com as igrejas neopentecostais.

[5] O capítulo 5 baseou-se na palestra proferida no Centro João XXIII – IBRADES, publicada em *Atualidade em Debate*, caderno 43, 1996, p. 2-17.

Nova Era diante do modelo institucional de religião

Procurando estabelecer uma tentativa de definição de Nova Era, como primeira ideia, devemos situá-la dentro do quadro da crise da modernidade e do processo de globalização das culturas, expressão mais reveladora do movimento de *desinstitucionalização religiosa*. Portanto, o que se convencionou chamar de Nova Era é uma espiritualidade fluida que não se caracteriza enquanto uma religião com estrutura, doutrina e teologia formalizada. Coincidindo sua expansão com a crise das religiões institucionalizadas, o que marca o estilo da Nova Era são as "redes" que sinalizam uma afinidade com a cultura de nossos tempos das ONGs, dos blogs, dos chats, das comunidades virtuais. A ambientação flexível das redes new ages articula grupos e indivíduos autônomos em entrecruzamentos e partilhas de expectativas similares. É uma religiosidade que não se baseia mais no institucional e territorial, mas nos eventos das "vivências" e "workshops" e na comunicação virtual da internet, conectando grupos de diversas procedências. Ela se caracteriza por uma organização informal, sem estrutura jurídica, nem direção e hierarquia, quaisquer que sejam elas, episcopais ou colegiadas. A proposta é não ter projeto instituído e congregar grupos e indivíduos independentes que partilham de valores semelhantes, na forma de uma sensibilidade, intuição, do prenúncio de uma "nova era".

O evento do Congresso Holístico realizado no centro de convenções do Riocentro, no Rio de Janeiro, em novembro de 1996, foi ilustrativo do congraçamento dessas "redes" de grupos e indivíduos num grande workshop alargado. Dentre os convidados a esse evento figurou Marilyn Ferguson, que escreveu o livro chamado *Conspiração Aquariana*, livro este que se tornou uma referência central nas concepções do movimento da "Nova Era". No livro, a autora faz uma remissão à origem etimológica da palavra *conspirare*, que esclarece o sentido mais geral do movimento. *Conspirare* significando "partilhar do mesmo ar". Desta forma, o sentido do livro é que o movimento Nova Era reúne pessoas que partilham/conspiram da mesma expectativa, qual seja, o advento da "Era de Aquário", uma "nova era" que se aproxima e da qual os "sinais" já vinham manifestando-se desde o início do milênio, nos anos 2000.

"Redes", grupos e indivíduos então se constituem sob a égide desta sensibilidade comum e integradora, e isto possibilita que se pronunciem sobre as mais diversas expressões da existência, sejam elas, a política, a ciência, a espiritualidade, a psicologia, a educação, a música ou as artes, pois todas remetem ao mesmo princípio cósmico. Uma pessoa que partilha da expectativa e prenúncio dessa "nova era" e que vivencia já seus "sinais" pode mover-se e agir em todo esse espectro variado de expressões da existência, dentro de uma mesma sintonia.

Características gerais da Nova Era

A despeito de ser uma religiosidade extremamente difusa, de difícil caracterização, estudiosos reconhecem determinados aspectos recorrentes que são compartilhados pelos indivíduos e grupos que se sentem "conspirando" a Era Aquariana (Heelas, 1996; Amaral, 2000; D'Andrea, 2000). Dentre estes, podemos destacar dois como os mais abrangentes e paradigmáticos. Um primeiro, é sua inspiração no *Holismo*, segundo o princípio de que "tudo é um", uma ideia de proveniência oriental (Hinduísmo e Budismo). Outro, segundo se fundamenta no *Místico*, através da percepção de que "o espírito é o interior de todas as coisas" e que a realidade em que vivemos é um mundo de aparências e de ilusões, onde existe uma dimensão espiritual anterior e interior que atravessa todas as manifestações da existência. Todas as dimensões da realidade são animadas por essa força sagrada difusa e onipresente, que pode ser chamada de Prana, Og, Taichi ou Tao. Força espiritual que habita tanto elementos inanimados quanto seres vivos. Daí porque a diversidade de vários seres mágicos no "panteão" *new age*: sejam eles anjos, fadas, gnomos, espíritos da natureza: água, sol, vento, floresta; sejam eles seres mais perfeitos, como os *avatares*, como Cristo, Buda ou Krishna, mas todos vistos como manifestação e expressão mais condensada do Divino que existe em nós e no Cosmos.

Há uma locução, proveniente da filosofia religiosa budista, "eu sou Deus", que é repetida pelos adeptos do New Age como que para expressar a perspectiva de que cada um de nós pode iluminar-se, alcançar por um processo de aperfeiçoamento a integração na totalidade cósmica, como conseguiram o Buda e o Cristo, libertando-se do ilusório do mundo.

A nomeação do fenômeno de "Nova Era", além da explicação mais evidente da vinculação do movimento com os albores da Era de Aquário, apresenta uma cosmologia mais completa (de novo apropriada de um universo oriental) que foi apresentada na pesquisa do *frater* lassalista Ir. Israel José Nery (1994: 176-187).

Segundo o autor, a denominação proveniente do zodíaco organiza a sequência de Eras com duração cada uma de cerca de dois mil anos. A partir do conhecimento astrológico, os antigos babilônios dividiam a trajetória do sol pelos astros de nosso sistema solar, formando as etapas de marcação do tempo, as Eras. Prática de observação do movimento do sol através dos 12 planetas que, visto da terra, também engendrou o horóscopo, quando tudo era cartografado no mapa astral, onde se relacionavam os planetas a animais e figuras, que segundo eles tinham relação com o destino das pessoas. Numa perspectiva mais ampliada que a do horóscopo, o conhecimento do zodíaco relacionava um prognóstico de Era milenar a figuras simbólicas de animais, quais sejam: a Era de Touro, primeira delas, que iria de 4307 a 2154 a.C., seguida da Era de Carneiro de 2154 a 04 a.C., por sua vez sucedida pela Era de Peixes de 04 a.C. a 2146 d.C. e, por fim, a Era de Aquário que iria de 2146 d.C. a 4296 d.C. A rigor ainda não se chegou a Era de Aquário, mas já existem várias manifestações que prenunciam seu advento (Nery, 1994: 178-179).

Cada figura arquetípica desses animais simboliza uma característica da Era correspondente. E a sequência dessas aponta para uma teleologia de aperfeiçoamento espiritual, que vai das Eras primeiras, nas quais imperava uma religiosidade grosseira e utilitarista, à última de uma espiritualidade refinada e marcada pela gratuidade. A figura do touro corresponde à época do culto aos animais, como o boi Ápis do Egito ou o bezerro de ouro de Israel, enfatizando uma característica totêmica, que relaciona o animal ao clã ancestral. A figura do carneiro está associada à ideia sacrificial, do cordeiro imolado, mediador de uma aliança com a divindade, a partir de uma estrutura de dívidas e compromissos. A Era de Peixes é marcada pelo privilégio da palavra, da doutrina, mas de uma palavra enrijecida pelo dogma em relação à experiência espontânea. É a era da prevalência do Cristianismo, mas de um Cristianismo dogmatizado em relação à mensagem original do Cristo-avatar. Já a Era de Aquário é o transbordar de fraternidade, de alegria e da autorrealização de todos os seres do planeta. É o florescer da criação, integração total das criaturas dentro dela. Se a Era de Peixes é caracterizada pela Lei, pela racionalidade analítica, a Era de Aquário é marcada pelo conhecimento intuitivo, pela abrangência e expansão da consciência. Chega-se a esse estado de consciência menos pelo racional e mais pela interioridade mística (Nery, 1994: 178-179).

A linguagem da Nova Era é permeada por símbolos e se distancia de teorias. É marcada mais por uma poesia mística que por discursos filosóficos ou teológicos. Busca a intuição e a sensibilidade mais que o conhecimento analítico. Por isso é o ritual, sua forma privilegiada de difusão e de interiorização de seus conhecimentos. Chamados de "vivências", visam a "purificação e lapidação do *self*", levando o "indivíduo a entrar em sintonia com a essência de todos os seres, coisas e forças" (Amaral, 1994: 37-38).

Na tipologia produzida pelo Ir. Israel Nery, pode-se dividir a Nova Era em uma *vertente panteísta*, a majoritária, e numa *vertente crística* (1994: 184-185). Ele menciona ainda uma "vertente satânica", segundo ele "diminuta da NE" (1994, 184) que, no entanto, se dispensa atribuir crédito, porque isso seria fazer coro com correntes no interior do catolicismo que estimulam a intolerância e a "demonização" de toda alteridade religiosa.

A vertente panteísta caracteriza-se pela crença no primado de uma divindade difusa e ampla. Esta se expressa na energia cósmica que perpassa todo o universo e seus seres, nós inclusive (Nery, 1994: 184). Portanto todos os seres são uma centelha ou parcela dessa divindade integrados e imersos nela. O egocentrismo, o apego à materialidade são distorções que impedem a consciência dessa realidade holista. Esta alienação só pode ser superada pelo estabelecimento de canais abertos com a totalidade, via técnicas espirituais diversas ou meditação, com isso "rompendo com os antigos condicionamentos e promovendo uma purificação interior, alimentando-se da riqueza da criação" (Amaral, 1994: 23).

A vertente crística vê a Era de Aquário como a materialização do próprio Pentecostes, como a abundância de dons: os da felicidade, do amor, da solidariedade e enfim do carisma. Propagam a ideia de que a partir do ano 2000, o cristianismo vai realizar-se em plenitude, como Jesus anunciou. Concebem Jesus enquanto esse "iluminado", um antecipador da Nova Era. A mensagem que Jesus plantou só iria realizar-se após a Era em que viveu. E por viver em um período no qual prevalecia concepções de poder e violência, foi incompreendido e morto. Nery apresenta o padre Lauro Trevisan como uma das expressões dessa vertente crística dentro do catolicismo (1994:185). Eliane Oliveira também destaca, cotejando estudos de caso antropológicos, "que há grupos no interior da própria Igreja Católica que realizam atividades de cunho holístico e parapsicológico, tais como medicina alternativa, centros de descanso religioso que utilizam técnicas de relaxamento, incentivando o contato com a natureza, aromaterapia, cromoterapia, cursos de parapsicologia" (2004: 97). Podemos ainda destacar também porosidades do holismo com a Igreja Católica nas reflexões de Leonardo Boff e Frei Betto, com repercussões em práticas terapêuticas de congregações religiosas, como veremos no sétimo capítulo deste livro.

Outra característica marcante na Nova Era é a do sincretismo. Suas práticas possuem um estilo de "itinerância", "errância" ou "nomadismo" (Amaral, 1993: 19-31), quando atravessam as religiões históricas, considerando-as como "pousos" de sua trajetória, para compor uma *bricolage* com elas. Enfim, uma combinação sempre vivencial e individual. A espiritualidade *new age* combina elementos de misticismo, gnosticismo, esoterismo e astrologia com incorporações da doutrina cristã e, principalmente, das grandes religiões orientais. Apropriam-se das tradições espirituais hindu e budista, o que se traduz nas práticas de meditação, seja a zen, a budista tibetana, a transcendental; da yoga, do tai-chi chuan, das terapias ayurvédica, do-in, shiatsu etc. Paralelo a isso, incorporam também o espiritismo cientificista com as crenças na mediunidade e na reencarnação. Através de um aproveitamento livre das religiões clássicas, que opera sínteses também fluidas com ênfase ora num conjunto de doutrinas e práticas, ora num outro amálgama, o que se pode concluir como tendência da Nova Era é sua postulação de uma *unidade transcendental das religiões*. Propugnam uma *metarreligião* acima de todas as religiões históricas, da qual todas estas não seriam mais que expressões ou manifestações.

Pode-se depreender certa facilidade argumentativa nessa disposição *new age* para uma "unidade na diversidade", que passa por cima de diferenças teológicas e doutrinárias cristalizadas ao longo da história e da cultura das religiões. Mesmo que padeça de uma grande ingenuidade, o apelo por uma *única religião metafísica e esotérica* que paira por sobre todas as religiões concretas ecoa como mobilizador e profundo no desejo de transcendência nos indivíduos.

Nova Era e crise da modernidade

A Nova Era eclode em plena crise da modernidade, expressão da falência das promessas de autonomia e liberdade que a ciência e a razão modernas tanto apregoaram. A modernidade é vista como ensejando a divisão e o materialismo. Divisão no sentido de compartimentação e segmentação daquilo que é uno e materialismo no sentido de valorizar a exterioridade das coisas, e não seu sentido mais profundo e espiritual. É considerada como uma concepção civilizatória presidida pelas ideias de produtividade, de resultado, do saber analítico, que tem como seu motor de reprodução a competição entre as pessoas.

Em oposição aos "males" da modernidade, a Nova Era irá colocar outra postura. Em contraposição à divisão, a unidade; em contraposição ao materialismo, o espiritualismo; em contraposição à exterioridade, a interioridade; em contraposição ao saber analítico, a "experiência da consciência", uma consciência intuitiva, que diz respeito a "todo ser" e menos a atividade cerebral; e por fim em contraposição à "promoção do ego", a "realização de si mesmo" (Bergeron, Bouchard, Pelletier, 1994: 65).

A mentalidade da Nova Era recupera traços marcantes de uma cultura tradicional, articulando elementos veterotestamentários do judaísmo com as milenares culturas orientais, o que os estudiosos canadenses chamaram de "neoarcaísmo, ou melhor, retrofuturismo" (Bergeron, Bouchard, Pelletier, 1994: 80).

Desafiando a "religião nos limites da razão", a Nova Era se dissemina através de rituais chamanísticos, de objetos dotados de poderes, como cristais e pirâmides, da comunicação com seres e planos espirituais através do transe, enfim trazendo à tona dimensões mágicas recalcadas pela modernidade racional e científica.

A crítica que a Nova Era faz à modernidade está voltada para a razão objetiva, a ciência e a tecnologia enquanto instrumentos de poder. Em suma, uma crítica à razão instrumental, para utilizarmos a expressão de Habermas. Crítica que se estende às religiões ocidentais institucionalizadas, como o Cristianismo, que para os *new agers* foi cooptado por esse sistema.

A partir de sua visão holista, empreende uma crítica à visão especializada da ciência e tecnologia e das filosofias contemporâneas. Se a racionalidade analítica divide, especializa e fragmenta a realidade, então ela torna-se incapaz de apreender a dinâmica da unidade de todos os elementos entre si e com a totalidade, ficando sempre com uma visão parcial e limitada das coisas. A medicina, por exemplo, divide o corpo humano em órgãos, células, reações bioquímicas, ao passo que a ciência holista-espiritual da Nova Era, a partir de uma concepção oriental (ayurvédica, shiatsu, do-in), vê o corpo como canal de energias (meridianos) e centros de energia (chacras). Sua terapêutica passa menos pela intervenção no local molestado e mais pela busca do reequilíbrio das energias irradiadas pelos chacras em seu fluxo pelos meridianos do corpo. A doença não é um em si mesmo. O corpo é visto em sintonia com a energia cósmica que atravessa o universo, e como tal deverá ser tratado (Bergeron, Bouchard, Pelletier, 1994: 69).

O processo de conhecimento na Nova Era é atravessado pela dinâmica da intuição, iluminação e clarividência, condensado na "experiência de alargamento da consciência", que mobiliza o transe, a percepção extrassensorial para além da relação sujeito (cognoscente) – objeto (cognoscível) que marca o ato de conhecer moderno (Bergeron, Bouchard, Pelletier, 1994: 69).

A crítica da Nova Era à modernidade é uma crítica a seu pendor para a exterioridade. Essa atitude levou a humanidade a imensos avanços no campo da ciência e da tecnologia, mas também acarretou a destruição da natureza e a formação de esquemas de poder violentos e desumanizadores. Por isso, valorizam o domínio interior no ser humano e na natureza, que é a espiritualidade equivalente a energia divina, que religa todos esses seres no cosmos sagrado.

Nova Era: individualismo e holismo

Uma faceta complexa do universo *new age* é a relação que estabelece entre as noções de *holismo* e *individualismo*. Esta oposição entre hierárquico e individual/igualitário que se tornou clássica nas Ciências Sociais modernas pela obra de Louis Dumont (1966,1977) teve um grande rendimento heurístico para explicar a sociedade brasileira nos escritos de Da Matta (1979). Para o autor a cultura brasileira estaria entre os dois modelos, operando-os de forma relacional. Penso que também no caso da Nova Era podemos pensar na articulação destas duas tendências aparentemente díspares entre si.

Se, por um lado, na sensibilidade Nova Era há toda uma deferência para com o primado da totalidade, o holos, por outro, a espiritualidade vivenciada por seus adeptos é de cunho subjetivo e individualista.

No que se refere a sua concepção de holismo, o universo é um organismo vivo e unitário de ondas energéticas, formando um todo interconectado. Concepção esta que, segundo Amaral, provém de combinação da física quântica com o pensamento místico oriental, segundo a síntese proposta por Fritjoj Capra (1994: 22). Nela o homem é compreendido não como um sujeito autônomo, mas como parte integrante e fusionado na dimensão orgânica deste todo. Para os adeptos da Nova Era, seria incorreto e alienante separar dimensões interligadas em polaridades como: sujeito-objeto, dentro-fora, céu-terra, Deus-mundo, consciente-inconsciente. "O universo, dentro do novo paradigma (...) passa a ser concebido como um todo harmonioso e indivisível" (Amaral, 1994: 22). Este princípio que opera a relação em todas as coisas permite articular, enquanto suas manifestações, todos os aspectos da experiência humana, sejam elas da política, da ciência ou das artes.

As mesmas leis cósmicas regem todos os aspectos do sistema integrado: social, físico, psíquico, astral e espiritual. Não existe dicotomia entre ciência e espiritualidade, porque ambas são regidas por esses princípios organizadores comuns. A apropriação de elementos científicos compondo-se com a espiritualidade é marca singular da Nova Era, em que hábitos alimentares, cuidado com o corpo e a saúde, relação com a natureza não podem ser separados da espiritualidade.

No que diz respeito ao individualismo, a Nova Era segue a linha mística do gnosticismo oriental do que a do profetismo que caracterizou a matriz judaico-cristã. Isso deriva em sua postura geral: voltada mais para a interioridade que para o domínio social e político, mais individual que coletivista, mais intimista que histórica. Para eles é a "mudança da consciência" de cada indivíduo que vai operar a transformação para a Era Aquariana. Daí por que o grande investimento no recurso à psicologia, visando o propósito do autoconhecimento e da experiência de estágios interiores de felicidade, chegando-se a "realização de si mesmo" (Hervieu-Léger, 2003: 86, 132).

A composição holismo-individualismo, se dá porque só se pode alcançar totalidade divina pela iniciativa subjetivo-individual. Será através da "ampliação de sua consciência" que o indivíduo se integra no plano cósmico. Utilizando o "poder infinito da mente", redescobre em seu mais recôndito interior uma continuidade com a totalidade sagrada, pois ele nada mais é que uma centelha desse todo. A chegada ao todo e não ao "ego", não obstante a busca ser individual, representa o êxito da "expansão da consciência".

São muitas e variadas técnicas e práticas ao alcance do indivíduo para sua busca de integração no cosmos sagrado: o ioga, o zen, a meditação transcendental, o transe, as ervas do conhecimento, exercícios transpessoais por onde o indivíduo sai de seu corpo, dilatando sua consciência até atingir planos cósmicos abrangentes. O cosmo percebido como um conjunto de energias, de vibrações presentes em todos os elementos, pode ser captado pela ingestão do vento, pela exposição ao sol, pela influência dos cristais, das pirâmides, das cores, expressões e canais desta energia encompassadora de todas as coisas.

Por fim, a integração na totalidade significa uma experiência de fusão ou dissolução do indivíduo nesta dimensão maior. Neste particular, demonstrando o primado do todo por sobre a parte. Desta maneira, a experiência new age é sempre um vaivém entre subjetividade e totalidade.

As matrizes cristã e da Nova Era

A matriz cristã caracteriza-se por ser uma religião revelada, na qual Deus se dá a conhecer ao homem, ao passo que o campo da Nova Era, por uma influência oriental do budismo e hinduísmo, opta por ser uma religiosidade de "busca humana do Divino", em que a iniciativa para este processo de autoaperfeiçoamento espiritual provém do indivíduo buscador.

Na matriz cristã o preceito revelado enseja e clama por uma ação no mundo que vai desde as "boas obras" até a "ação libertadora para o Reino". O que torna o Cristianismo uma religião profética, ética, histórica, missionária, comunitária e eclesial. A religiosidade *new age*, por sua vez, tem como sua sensibilidade marcante e paradigmática a experiência, chamada de vivência, e a contemplação. Ambas conduzem à "expansão da consciência", cujo objetivo maior é alcançar o "nirvana", a dissipação do eu na totalidade divina. Portanto, é uma religiosidade meditativa-subjetiva.

Se a religião cristã por sua feição encarnada e teleológica é impelida a se implicar na ação histórica e social, a "busca humana do Divino" na Nova Era implica na introspecção, meditação e recolhimento. O Cristianismo valoriza a realidade temporal do "estar no mundo", encarando esse mundo como espaço de conflitos e contradições, que muitas vezes leva às vicissitudes do pecado. Há uma valorização do mundo em sua imperfeição, mas também de sua transformação na direção da construção do Reino. A ideia complementar do "estar no mundo", que é a de "estar sem ser do mundo", indica uma instância de diferença e perfeição no além-mundo, que provém do Criador enquanto um "Totalmente Outro". Este se revela "de fora" e conclama o homem a salvar-se da contaminação do pecado mundano, agindo nesse próprio mundo.

A apropriação oriental da Nova Era vê a realidade do mundo em seus aspectos materiais e de poder como uma ilusão (maya), como uma exterioridade distorcida da verdadeira realidade totalizante e interiorizante que atravessa todas as dimensões do cosmos. Ultrapassar a ilusão significa liberar sua "consciência" (entendida não como processo racional, mas de todo seu ser) e conseguir perceber, por trás das aparências das coisas em si mesmas, um princípio totalizador. Isto só pode ser obtido através do desapego e da consideração da *impermanência* das coisas aparentes (tanto a dor extrema quanto a maior felicidade passam...). O método para o exercício do desapego é a meditação, a introspecção para alcançar seu "eu verdadeiro" como porção da totalidade sagrada. Isto implica numa desconsideração para com a atividade constante no mundo, pois atribuir valor de permanência a uma realidade impermanente, criando apego a ela, só vai gerar dor e sofrimento.

Crítica da Nova Era ao Cristianismo

A Nova Era vê o Cristianismo como uma religião formal, racionalista e, sob alguns pontos de vista, até autoritária, que por sua capitulação à lógica da modernidade afastou-se da sensibilidade e experiência mística. Entende também que esse tipo de religiosidade institucional esmaga a criatividade, o autoconhecimento e a força da mente em prol de práticas litúrgicas e catequéticas marcadas pelo dogma e sua inculcação. Isto internalizaria no ser humano a noção de pecado e culpa, gerando uma divisão interior. A ideia da experiência da "cruz", do sofrimento como trilha para obtenção da salvação, como também a dependência dessa salvação do poder e graça divina é rejeitada na Nova Era em prol daquela da "iluminação". Pela "expansão da consciência" se chegaria a esse estágio sem passar por uma ascese ou combate interior, pois na sensibilidade *new age* não existe o pecado nem a culpa: no *blame no shame* (Bergeron, Bouchard, Pelletier, 1994: 69), mas um desabrochar de seu verdadeiro self em consonância com o cosmo sagrado.

Crítica do Cristianismo à Nova Era

A crítica do Cristianismo à Nova Era centra-se em seu panteísmo, ou seja, na inexistência de um Deus pessoal transcendente (padre Joãozinho, 1994: 67). Isto redunda na desconsideração pela Nova Era do mistério da salvação e da graça divina. O que preside o espírito da Nova Era é o aperfeiçoamento do ser através da "expansão da consciência", e menos a misericórdia e a graça de um Deus que perdoa e salva diante da liberdade de escolha do homem entre o bem e o mal (padre Joãozinho, 1994: 75-87).

O cristianismo histórico vê a Nova Era como um "encantamento monista", pois para esta a criação é radicalmente boa devido ao fluxo de energia positiva que a recobre. No entendimento do cristianismo, os adeptos *new agers* consideram o mal enquanto produto da ilusão e do apego na exterioridade das coisas. Desta forma, se não existe o mal substantivo, tampouco o pecado e a culpa e a sua superação através da graça e redenção (padre Joãozinho, 1994: 75-87).

Outra ressalva do Cristianismo em relação a Nova Era se deve ao que consideram sua "introspecção meditativa", que afasta o movimento da realidade social e coletiva. O adepto *new age*, para alcançar sua verdade última, considera o sofrimento não como uma etapa pela qual tem que se passar, mas como um erro no qual incorrem aqueles que vivem a "ilusão" do apego à realidade material. Esta evitação ao sofrimento, para os *new agers*: expiação e maltrato, é criticado pelo Cristianismo como uma "metafísica otimista", na qual se esconde o conflito e o enfrentamento com o mal para superá-lo.

A crítica à Nova Era pelo Cristianismo atinge o paroxismo, na investida que lhes movem as igrejas evangélicas de cunho pentecostal e a Renovação Carismática Católica. Existem instruções desses grupos de como proceder para fazer uma "guerra santa" contra a Nova Era. No livro do padre Joãozinho, SCJ, encontra-se uma relação de símbolos atribuídos à Nova Era, como que para os católicos identificarem sua presença sutil e insidiosa. Ao final deste capítulo segue uma advertência: "Atenção: vamos tomar cuidado de não achar que tudo isso é fantasia e que esses sinais e símbolos não representam riscos para a nossa fé" (padre Joãozinho, 1994: 66).

A repercussão dessas orientações se reflete nas práticas carismáticas das grandes reuniões como os "cenáculos", segundo a etnografia do antropólogo Reginaldo Prandi: "Vaias exaltadas (...), vaiam as camisas que traziam o símbolo da Nova Era junto com o nome de Cristo" (1997:86) ou "na pregação do conhecido padre Alberto Gambarini Filho (...) sua palestra referia-se às falsas doutrinas (...) condenou a Nova Era, as superstições" (1997: 89-90). É uma crítica profundamente sectária, na qual a Nova Era é rotulada como "autodivinização da cultura secular", "rejeição ao Deus Criador Salvador", "decadência espiritual" em suma como um "neopaganismo". Numa interpretação das profecias bíblicas sugerem uma associação da Nova Era ao "anticristo".

Uma vertente mais branda dessa crítica cristã é a que vê a Nova Era em uma perspectiva de ser convertida e não apenas exorcizada. Mesmo aí, ainda é um eclesiocentrismo que prevalece. Para uma resenha mais completa da crítica católica à Nova Era, ver o sétimo capítulo deste livro.

Utilizando o que chamam de "método de análise tipológica", que se baseia na reflexão de Paul Tilliich sobre "o encontro do cristianismo com as religiões mundiais" (1964:55-56), os teólogos canadenses Bergeron, Bouchard e Pelletier propõem estabelecer uma relação dialógica entre o Cristianismo histórico e a Nova Era (Bergeron, Bouchard, Pelletier, 1994: 69). O método indica que para a obtenção de uma relação mais rentosa – para além da oposição falso x verdadeiro – deve-se procurar equiparar/contrastar os níveis de *estrutura* das configurações religiosas em questão e menos seus conteúdos substantivos como doutrina, ritos e estruturas eclesiais. O que é comparável são as disposições ou maneiras como estes "elementos comuns a todo tipo religioso" são organizados em cada arranjo singular, resultando numa configuração ou estrutura religiosa. De posse dessa perspectiva comparativa, os autores propõem sua ideia de "interpelação recíproca" (Bergeron, Bouchard, Pelletier, 1994: 98).

Neste caso, o dispositivo interpelador permitiria que cada campo, seja o do Cristianismo histórico, seja o da Nova Era, ao ser interpelado pelo outro, procurasse revalorizar dentro de sua própria configuração dimensões que pudessem ser comuns a ambos. Acolher o que vem do outro para potencializar elementos internos de sua tradição até então negligenciados e doar ao outro algo que também potencialize dimensões mais caras e recônditas daquela tradição religiosa (1994: 91-92).

Como primeira interpelação da Nova Era ao Cristianismo, destaca-se sua valorização da subjetividade e da individualidade sublimadas no caso cristão pelas tendências socializantes, de intervenção coletiva na história e nos esquemas de poder. Uma das contribuições da Nova Era parece ser a retomada da pessoa humana e do cuidado com a vida pessoal em suas manifestações diversas, numa visão mais integral da saúde, do corpo e da natureza.

Como segunda interpelação, está a prioridade da Nova Era na sua interligação com a natureza e o cosmos, reascendendo a crítica sobre a característica antropocêntrica do Cristianismo. A centralidade da ecologia e da busca pelo equilíbrio do ecossistema entre os *new agers*, levanta a questão da adesão e do pacto do Cristianismo com a modernidade manipuladora e dominadora da natureza.

Como derivação disso, a concepção holista do universo e da realidade leva a um questionamento sobre os esquemas dualistas que presidiram a sensibilidade cristã, dividindo essa realidade em cultura e natureza, externo e interno, transcendente e imanente. Este questionamento está levando a percepções no seio do cristianismo de que transcendência não é sinônimo de exterioridade e, como consequência, a práticas crescentes de meditação, contemplação e de experiência mística de "união entre Criador e criatura", vivenciadas em grupos de oração carismáticos, em congregações e ordens de leigos e religiosos.

Uma terceira interpelação diz respeito à valorização do afetivo e do intuitivo sobre o racional nas experimentações da Nova Era. Ela questiona todos os reducionismos e determinismos: sociológicos, cognitivos, epistemológicos que se colaram no Cristianismo, eclipsando sua faceta mítica, mística e espiritual.

Pensamos que a interpelação de fundo da Nova Era ao Cristianismo diz respeito a sua vocação para a busca pessoal e intimista de um caminho de aperfeiçoamento em direção ao Sagrado totalizante. Ela vem provocando no Cristianismo uma retomada de experimentações da "intimidade com o divino", sufocadas pela dogmática e institucionalidade imperante. Se há alguns anos essas "experiências religiosas" estavam confinadas aos homens e mulheres santas, chamados de "místicos da Igreja", ou a formas de "religiosidade popular" sempre tratadas com desconfiança pelos cristãos esclarecidos, assiste-se hoje de uma forma crescente, em mosteiros e conventos, à prática da meditação, dos "exercícios espirituais" e da contemplação.

Se o que os estudiosos chamaram de aggiornamento significou no pós-Vaticano II um movimento da Igreja em direção às estruturas sociais modernas, agora sob o influxo deste "espírito de época", parece que a Nova Era provoca na Igreja Católica um novo *aggiornamento*, este em direção à subjetividade e à emotividade do indivíduo (pós-) moderno. Como consequência disso, parecem despontar no catolicismo, tanto nas tendências ecologistas quanto nas carismáticas, uma preocupação com a dimensão do cuidado, de si, do outro e do meio ambiente.

Por fim, sem se confundirem, Cristianismo e Nova Era podem contribuir entre si. O primeiro fornecendo à segunda uma perspectiva religiosa histórica e cultural densa para suas reelaborações; a segunda interpelando o primeiro nos termos de experiências e vivências das religiosidades instituintes de há muito esquecidas por sua característica de religião instituída. Enfim interpelação que leva a redescobrir na própria tradição cristã elementos místicos e cósmicos encobertos pela excessiva doutrina e dogma.

No entanto, a desproporcionalidade e a incomensurabilidade entre as duas configurações – o colosso católico e a diáfana nova era – acarreta grandes e impeditivos obstáculos a um diálogo ou a uma confluência entre ambas. E isto será objeto do próximo capítulo.

6

A Nova Era diante do Cristianismo histórico: interlocutor ou objeto de estudo?[6]

Pluralismo e convergência entre as religiões

No mundo moderno, o pluralismo religioso se impõe como um fenômeno que relativiza e põe em xeque as estruturas de plausibilidade e os conteúdos normativos internos a cada religião. Não existe nenhuma religião, hoje, que não seja tocada, de fora para dentro, e que não seja questionada em seus esquemas internos de plausibilidade pela influência das outras religiões. A aproximação e a interação entre diferentes religiões são um dado concreto que abre novas e inusitadas possibilidades na estruturação, na constituição e no perfil de cada religião, nessa modernidade de início de novo século e novo milênio (Teixeira, 1996: 105). O que anteriormente ocorria com cada religião, num espaçamento de dezenas de anos, de séculos, para produzir interpretações alternativas sobre o transcendente, e esse fato gerar cismas, heresias, escolas

[6] O capítulo 6 baseou-se na palestra proferida no Centro João XXIII – IBRADES, publicada em *Atualidade em Debate*, caderno 50, 1997, p. 4-16.

diferentes – hoje, no mundo moderno, acontece com uma simultaneidade e com uma velocidade surpreendente, o que faz com que o mapa religioso se desenhe e redesenhe, e sociedades e etnias que outrora eram influenciadas por uma tradição religiosa hoje passem a ser influenciadas por várias outras. O crescimento do catolicismo nos Estados Unidos, uma sociedade historicamente protestante, e o avanço do pentecostalismo na América hispânica, tradicionalmente católica, ou ainda a crescente adesão ao Budismo e do Islamismo na Europa são indicadores desse redesenhar constante do mapa mundial das religiões. Isto marca uma considerável diferença neste mundo da globalização, da comunicação acelerada das redes de internet, com o que ocorria há anos.

A consequência desse fenômeno, em nosso entender, leva a três posturas: uma primeira, de fechamento diante dessa massa de informações que circulam e das mútuas influências entre as religiões, relacionada à ideia do *fundamentalismo*. Essa concepção leva a religião a se fechar, anatemizar, condenar e "demonizar", para seus membros, todas as demais influências religiosas externas.

Uma segunda postura é a de se demarcar e procurar estabelecer critérios *desde dentro* para analisar a alteridade religiosa que se coloca diante de si. Para mim, esta é a postura das hierarquias das religiões ditas históricas, das escolas teológicas mais delineadas e dos membros mais definidos e comprometidos de cada religião.

Uma terceira postura é a da aceitação das influências religiosas externas e de combinação dessas com crenças internas. É, geralmente, a postura de muitos crentes comuns, do membro de uma religião hegemônica, mas permeável à influência das outras menores que circulam em seu entorno ou de uma clientela que frequenta, sem se fixar e aderir, uma religião específica.

Cristianismo Católico e Nova Era: predisposições mútuas para uma convergência

Dentro desse quadro de pluralismo e mútuas influências entre as religiões, gostaríamos de chamar a atenção para a predisposição à convergência presente no Catolicismo e na chamada Nova Era.

Do lado do Cristianismo católico, sua perspectiva universalista, na busca de uma dimensão salvífica para a humanidade, impele-o no sentido de uma consideração para com a diversidade.

Na história recente da Igreja Católica pós-conciliar, várias iniciativas foram tomadas para fomentar o diálogo com outras religiões: criação em 1965 do Secretariado para os não cristãos, influenciado pelo Documento Conciliar *Nostra Aetate*; criação do Pontifício Conselho para o Diálogo Inter-Religioso em 1989; a Declaração sobre a Liberdade Religiosa; e, por fim, o Documento "Diálogo e Anúncio" de 1991. Sublinhamos também, do lado do cristianismo protestante, a iniciativa do Conselho Mundial de Igrejas da criação do Escritório para Relações Inter-Religiosas em 1993. Momento marcante nessa trajetória foi a declaração do papa João Paulo II, em seu texto "Cruzando o limiar da esperança", da existência de uma raiz soteriológica comum em todas as religiões (Teixeira, 1996). Também dentro da Teologia católica tem se notado uma preocupação com o incremento de uma "Teologia das Religiões", municiada por conceitos como "exclusivismo", "inclusivismo", "inclusivismo aberto", "teocentrismo", para operar e refletir sobre o diálogo com as outras religiões.

Do lado da "Nova Era", a sua maneira, pode-se encontrar uma postura de convergência para com outras religiões como dado de sua própria configuração. A Nova Era leva ao paroxismo a perspectiva da aceitação da diversidade, porque ela constrói seu próprio perfil pela incorporação do outro. Ela experiencia dentro de si uma comunicação ampliada de crenças diversas e até contraditórias, tornando-as compatíveis. A cosmovisão novaerista nos dizeres de Leila Amaral permite embutir, dentro de seu arco de crenças, "o diverso, oriental, indiano, indígena", o que torna seu discurso e crença "internamente dialogizado" (1994: 26).

Condições e impasses para o diálogo entre Cristianismo e Nova Era

Constatamos que, diante desse mundo pluricultural e plurirreligioso, tanto o Cristianismo católico como a Nova Era consideram positivamente a ideia da convergência para com outras religiões. Mas, indagamos, por que essa convergência ainda sofre tantos obstáculos e o diálogo ainda não se fez entre estes dois polos religiosos propensos a tal movimento?

Como primeira consideração, gostaríamos de refletir sobre a noção de diálogo, estranhando e desreificando o "diálogo", de algo dado para tomá-lo enquanto uma representação. A partir desse exercício, pode-se constatar que a relevância dessa noção, "diálogo", é estabelecida por quem produz o discurso que constitui a noção. Ou seja, que o discurso e seus agentes produtores influem decisivamente na realidade do conceito. De certa forma, é o que Bourdieu chamou de "efeito de teoria". Ele entende que, ao descrever uma realidade, termina-se por *prescrever* sobre essa realidade (Bourdieu, 1992). Desta forma, o discurso sobre o diálogo é que vai objetivar o que se entende por "diálogo", e este termina por construir o campo onde se vai travar esse diálogo e dar legitimidade a quem dialoga ou não.

A noção de "diálogo" produzida pelo cristianismo católico ensejará um campo dialógico que vai credibilizar quem pode ser interlocutor deste circuito. Ao se produzir conceitos como "ecumenismo" e, como contrapartida, "fundamentalismo", ou "sincretismo", está definindo-se quem são os portadores desses valores e, como consequência, antagonismos e afinidades eletivas para com eles. Por isso tudo, deve-se compreender que o diálogo não é naturalizado, e nos dizeres de Emerson Giumbelli, "terminologias e terminólogos (...) definem os possíveis interlocutores do diálogo" (Giumbelli, 1995).

Na Nova Era, embora haja o conhecimento do léxico, como apontamos no capítulo anterior, sua desconfiança acerca da palavra em favor da experiência como força motriz do *re-ligare* leva-os a afastarem dos fóruns colóquios e circunstâncias discursivas para situarem sua vontade de convergência nas vivências e nos rituais.

Portanto, é dentro desse enfoque que pretendemos colocar as dificuldades da perspectiva de diálogo entre o Cristianismo católico e a Nova Era.

a) O diálogo do ponto de vista cristão-católico

O padre Jesus Hortal, em uma análise sobre a Igreja Católica diante do fenômeno *new age*, afirma que "o diálogo com muitos desses grupos resulta difícil, para não dizer impossível"

(Hortal, 1994: 224). Em nosso entendimento, esta afirmação expressa a posição das chamadas "igrejas cristãs históricas" ou do "cristianismo institucionalizado", para quem o diálogo só pode ser entabulado com religiões que possuam *identidade* (histórica). Aí, para nós, residiria a dificuldade ou a impossibilidade do diálogo do Cristianismo histórico para com a Nova Era, a que se refere o padre Hortal. O campo dialógico do Catolicismo e do Cristianismo em geral estaria orientado pela noção de "ecumenismo" e do "diálogo inter-religioso", voltado para as demais religiões consideradas por sua inscrição na História como religiões dotadas de "identidade". Concebe-se, então, o diálogo com o Judaísmo, com o Protestantismo, com as religiões orientais, como o Budismo, enfim, com religiões que possam afirmar-se como tal: com fundador, doutrina, corpo sacerdotal etc.

Com relação à Nova Era, constatamos certo desdém do Cristianismo quanto à postura novaerista de se apropriar da historicidade das religiões constituídas de forma "leviana", com "pouco rigor teológico" ou com uma "irreverência espiritual", se tomarmos as palavras de Leila Amaral (1994:31,32). Amaral fala ainda em "mistura anárquica (...), interação ambivalente sem território cultural ou religioso, ou rigidamente demarcado" para se referir à forma descompromissada com que a Nova Era incorpora elementos pertencentes a outras tradições religiosas (1994:31,32). Por sua vez, autores católicos vêm reclamando de uma "apropriação indébita" do Cristianismo pela Nova Era, que, segundo eles, resulta em um produto descontextualizado. Bergeron, Pelletier e Bouchard, sociólogos e teólogos canadenses, no livro intitulado *Nova Era em questão*, registram que "no caso do cristianismo, este assalto esvazia formas cristãs tradicionais de sua substância original. Leva a perda de seu caráter *histórico* em benefício de uma visão *cósmica* indevida" (grifos meus) (1994: 89). Padre Joãozinho, em seu livro *Nova Era e a fé cristã*, levanta a acusação de que a Nova Era precisaria implodir a religião cristã para se constituir (1995: 84); Ricardo Sasaki, em sua *Espiritualidade Moderna: para se compreender a Nova Era*, argumenta que as práticas da Nova Era não passariam de "imitações de uma única doutrina cristã" (1995: 12).

As considerações dos autores canadenses, em torno das noções de *histórico* e *cósmico*, sugerem-nos tomá-las, para efeito de análise, como tipos ideais do Cristianismo e Nova Era respectivamente. A noção de histórico vista como uma qualificação, ao passo que a de cósmico (acrescida da adjetivação "indevida") como uma desqualificação.

Depreendemos dessa tipologia, que na perspectiva do cristianismo a ênfase numa generalidade cósmica, sem a necessária ancoragem na história, na sociedade e na cultura onde elas se inscreveram, esvaziara as religiões, reduzindo-as a mera alegorias, miscelânea ficcionista das revelações situadas das grandes religiões da humanidade. Padre Jesus Hortal, em seu trabalho, fala que "a apropriação [pela Nova Era] das raízes cristãs, budistas, muçulmanas ou hinduístas é invocada para dar-lhes cunho de respeitabilidade *histórica*" (grifo meu) (1994: 206). A História aqui, credibilizando e chancelando a idoneidade de uma religião. Para esses autores cristãos, a noção de "histórico", tal como a de *tradição* – se pensarmos na formulação de Danièle Hervieu Léger, que situa a centralidade desse conceito enquanto constitutivo das religiões (Hervieu Léger, 1993) –, estão associadas à *verdade*. Portanto, a ressimbolização desse "histórico" feita pela Nova Era – que pode ser a reinterpretação de textos sagrados, símbolos e rituais cristãos, da cruz vista como símbolo de unidade das quatro dimensões do universo, e não como o locus da paixão e ressureição do Salvador; da criação de uma "Evangelho Aquariano de Jesus, o Cristo" – estará sempre associado a "ideias fora do lugar", enfim uma clara descontextualização da referência real e objetiva do fenômeno religioso.

O "histórico" associado a verdadeiro estaria condensado na singularidade da figura de Jesus Cristo, como efetivação única e exemplar da redenção. Jesus histórico e único como a plenitude da salvação. De outro lado, a reinterpretação cósmico-esotérica, logo des-historicizadora da figura de Jesus Cristo, na qual Jesus não é só o Cristo, mas portador do Cristo. Para a Nova Era, Jesus é um iluminado, um mestre, um taumaturgo, mas não o "filho de Deus". Nas palavras do padre Hortal, a visão novaerista de Jesus "resultaria em um Cristo sem divindade, sem papel salvífico, sem seu sacrifício redentor" (1994: 206).

O paroxismo dessa visão exclusivista do cristianismo católico se encontra na posição de Ricardo Sasaki quando relaciona positivamente o *histórico/verdadeiro* com *ortodoxia*. A ortodoxia seria, para o autor, a expressão dessa verdade que se inscreveu e se comprovou na história. A validade de uma ideia está em sua aceitação e êxito na história, ou seja, no fato desta galgar o poder e se perpetuar nele. Então, para Sasaki, essa "história verdadeira", expressa na ortodoxia e na tradição, só pode ser acessada "pela transmissão doutrinal dos mestres da tradição ortodoxa" (1995: 8). O percurso pela linhagem da ortodoxia é a única via para se alcançar essa verdade histórica da qual ela é guardiã. Ter-se-ia, então, que refazer o caminho histórico "de frente para atrás", pela via da ortodoxia, para alcançar o ponto inicial onde a revelação se deu para depois se consolidar e perpetuar através da ortodoxia. Para Sasaki, qualquer reinterpretação dessa ortodoxia consolidada (no percurso único) levaria fatalmente a um descolamento de seu contexto original e da forma "verdadeira" como ele se desdobrou, e abriria caminho para uma livre interpretação das Sagradas Escrituras do cristianismo, criando dissidências. Portanto, ele coloca como a primeira expressão da Nova Era, pasmem!, o protestantismo histórico com a Reforma de Lutero, quando este interpreta o evangelho por seu livre-arbítrio e não pelo seguimento da linhagem dos "mestres da tradição ortodoxa" (1995: 8).

É interessante notar, também, os ecos de defesa da ortodoxia no debate atual na chamada corrente cristã da "Teologia das Religiões" que se propõe "renunciar à visão ptolomaica tradicional, segundo todas as religiões giram em torno de Cristo e do cristianismo como seu centro, para adotar uma visão segundo a qual todas as religiões, inclusive o cristianismo, giram em torno do sol, que é o mistério de Deus como realidade suprema" (Geffré, apud Teixeira, 1993, p. 66).

A perspectiva inclusivista da "teologia pluralista" seria acusada pela perspectiva cristocêntrica da hierarquia católica, de uma interpretação descompromissada de referenciais identitários, logo similar a hetorodoxia *new age*. O documento *Quaestiones selectae de Deo redemptore*, da Comissão Teológica Internacional, aponta "uma série de dificuldades nas teorias interpretativas (...) sobre alguns teólogos pluralistas que estariam comprometendo a dinâmica da redenção e identidade do Redentor, Jesus Cristo". O documento sublinha ainda que um pequeno passo separaria tais "teologias transcendentais das religiões" das teses da *New Age* (Teixeira, 1996: 113, n. 20).

b) O diálogo do ponto de vista New Age

A Nova Era, ao contrário, entende o "histórico" como petrificação e o "cósmico" enquanto abertura ilimitada para todas as possibilidades. Vê o condicionamento ao histórico/social, como amarra e apego ao "material", ao "poder temporal" em detrimento do "espiritual". Isto teria convertido o Cristianismo em uma religião avessa ao sentimento e à experiência mística. Doutrina que tem obstruído a criatividade da força da mente e inculcado nos homens a noção de pecado, culpa e divisão interior, levando a uma punição contra si mesmo e impedindo, com isso, a felicidade interior.

Na análise de Bergeron, Pelletier e Bouchard, a Nova Era caracteriza-se pela intransigência para "com as instituições religiosas, com as estruturas eclesiais, com as formas dogmáticas e rituais impostas, e também intransigência para com qualquer referência a qualquer magistério exterior" (1994: 84). Propugnam a ideia de que Deus não salva, mas sim o homem é o artesão de sua realização no sagrado, o que resulta na compreensão expressa neste aforisma: "eu sou o guru de mim mesmo". Dentro dessa visão, substituem a transcendência de um Deus "totalmente outro" pela imanência de Gaia, a mãe terra.

Seu campo dialógico, se pudermos dizer assim (ficaria mais adequado, campo experiencial), está circunscrito às redes de pessoas e grupos, aos centros holísticos (como os Esalen na Califórnia e Findhorn na Escócia, e centenas de outros espalhados nos conglomerados urbanos) e em grandes fóruns que reúnem periodicamente esta diversidade para "vivências" partilhadas (Magnani, 1999).

No Brasil existe o ENCA (Encontro Nacional de Comunidades Aquarianas), realizado no Vale Dourado, Pirenópolis, Goiás (Amaral, 2000: 141-186), o "Encontro para a Nova Consciência" ou "Carnaval da Alma", reunindo pessoas e grupos neo-esotéricos no feriado de carnaval em Campina Grande, Paraíba (Amaral, 2000: 187-204), a ABRASCA (Associação Brasileira das Comunidades Alternativas) e os Congressos Holísticos promovidos pela UNIPAZ (Universidade da Paz, Brasília).

A Nova Era como objeto da crítica do Cristianismo histórico

Ao desconsiderar a Nova Era como um interlocutor do "diálogo inter-religioso", que papel então o Cristianismo reservaria a esse movimento? Através da leitura de documentos da Igreja Católica no Brasil, avalio que o cristianismo, particularmente o catolicismo, considera a Nova Era como *objeto de análise* (teológica, sociológica, antropológica) e *assunto pastoral.*

a) Nova Era como objeto de análise

O Pe. Gabrieli Cipriani, responsável na Conferência Nacional dos Bispos do Brasil (CNBB) pelo diálogo inter-religioso, em sua apresentação do documento "Cristo ou Aquário?", na 32ª Assembleia da CNBB, afirma que "é preciso tomar a sério o fenômeno da Nova Era, investigá-lo a fundo com as devidas precauções também na seleção da literatura sobre o assunto". Em seguida, na apresentação do livro "Nova Era: um desafio para os cristãos", ele retoma a questão para afirmar que, para um tratamento adequado do *affaire* Nova Era, "faz-se mister uma abordagem mais de acordo com as Ciências Sociais e Religiosas" (1994: 5).

Esta linguagem pontuada por um tom em que despontam preocupações com um distanciamento científico, seleção criteriosa de dados e literatura, sugere-nos uma abordagem da Nova Era como objeto de estudo.

Iniciativa que também foi notada pelo antropólogo Emerson Giumbelli (1995) ao constatar o convite de instituições eclesiásticas a cientistas sociais para investigar a emergência desses novos movimentos religiosos, tanto através de assessorias, quanto pela realização de fóruns e seminários visando tal objetivo.

A CNBB organizou na segunda metade dos anos 1990 três seminários com o título: "A Igreja Católica diante do pluralismo religioso", em que visava (dentre outras preocupações com a diversidade religiosa contemporânea), com o respaldo do saber acadêmico, uma legitimidade para classificar o "cientificamente correto" desse novo personagem no campo religioso brasileiro: a Nova Era. Munida do arsenal teórico das Ciências Sociais, buscava teorias que explicassem, desse ponto de vista, a emergência desse seu surpreendente competidor. Chaves explicativas são construídas: a Nova Era apreciada nos marcos do individualismo moderno; vista dentro do contexto do "mercado de bens religiosos" para consumidores do mesmo tipo etc. No ensaio do padre Hortal, que reputamos situar-se nesta vaga de estudos sociológicos sobre a Nova Era, esta é analisada como fenômeno de "escapismo" ante a insegurança e perda de sentido da vida moderna (1994: 214-217), como também é apreciada como "alienação político-social" (1994: 220). Desconsiderada enquanto religião estruturada, "com identidade", pois sua "inconsistência teológica" a descredencia para a prática do diálogo inter-religioso, no entanto, diante das evidências de seu crescimento e presença no cenário religioso contemporâneo, a Nova Era passa a ser enfocada pelo cristianismo católico no Brasil como fenômeno religioso de significação em nosso contexto social e cultural.

b) Nova Era como assunto pastoral

Diante de sua crescente presença na sociedade brasileira, principalmente no que tange às camadas médias e urbanas – a exemplo do que já acontecia com o kardecismo –, a Nova Era obrigatoriamente será uma realidade com a qual os pastoralistas e catequistas irão se defrontar. Torna-se necessário então munir os cristãos de um instrumental teórico para lidar com essa realidade nova. No livro de Bergeron, Bouchard e Pelletier, encontram-se literalmente orientações como "pré-requisito para a ação pastoral" (1994). Indicadores de conduta são traçados pelos autores: "a) situar-se bem psicologicamente; b) situar-se bem metodologicamente; c) situar-se bem teologicamente" (1994). O padre Hortal, em seu artigo, também se refere a "alguns desafios pastorais" a serem enfrentados no contato com os novos movimentos religiosos (1994: 214-217). No capítulo XIX de seu livro, o padre Joãozinho fala em "*des*-atitudes do cristão diante da Nova Era", verdadeiro manual em forma de decálogo, bem à maneira tridentina de regras a serem seguidas pelo fiel. Sua postura caracteriza uma perspectiva mais conversionista que de diálogo, embora pela força da perspectiva dialógica na Igreja pós-Vaticano II termine por travestir-se e compor-se com essa perspectiva. Como podemos observar nesse trecho do livro, padre Joãozinho afirma que “no encontro com os adeptos da Nova Era, lembre-se que ali podem existir pessoas empenhadas em uma sincera busca de Deus. Testemunhe sua fé com carinho, ternura, sem espírito de disputa. *A nova evangelização passa por esse diálogo inter-religioso*” (grifo nosso) (1995: 19).

Para além dessas duas atitudes mencionadas acima, é possível ver esse outro religioso como um interlocutor? A postura de enfrentamento leva a uma recusa ao acolhimento da mentalidade novaerista pelo cristianismo. Ela é vista, de uma forma geral, como uma ameaça a se combater. O padre Joãozinho busca “alertar os cristãos católicos sobre o perigo que a Nova Era representa para a fé (1995: 3). Ou o evangélico Valter Martins que diz: “tantas pessoas cristãs conhecem tão pouco acerca dos malefícios acerca da Nova Era” (1994: 9).

Diante desse antagonismo declarado, haveria da parte do cristianismo histórico a possibilidade de tratar a Nova Era como interlocutora? Neste sentido, há uma tendência que vem desenvolvendo-se no seio do catolicismo, da qual tratamos no terceiro capítulo, que aponta para experiências de incorporação e diálogo com as práticas e crenças New Age; assim como uma escuta e acolhimento dessas iniciativas provindas do catolicismo pelos da Nova Era. Estamos referindo-nos das reflexões dos teólogos católicos Leonardo Boff e Frei Betto em torno da mística, religiosidade e ecologia. Também a incorporação em determinados círculos católicos da chamada “igreja popular” de práticas terapêuticas e de meditação de inspiração orientalista ou new age.

Outro personagem do universo cristão a frequentar o meio new age é Jean Yves Leloup, que ora é apresentado como sacerdote dominicano, monge hesicasta ou como padre de

Igreja Ortodoxa. Com um currículo emblemático de sua situação liminar entre os universos cristão e new age, em que figuram um PHD em psicologia transpessoal e terapia iniciática, um doutorado em Teologia pela Universidade de Strasbourg, além de ser um dos fundadores da Universidade Holística de Paris, Leloup tem participado de encontros e diálogos entre personagens do mundo cristão e esotérico, como os psicólogos Pierre Weil e Roberto Crema e o teólogo Leonardo Boff.

Diálogo e interpelação mútua

Na perspectiva da construção de mecanismos de aproximação para o diálogo, tomei uma fórmula dos autores canadenses, Bergeron, Pelletier e Bouchard, que nomearam de "distinguir para unir", que se explica na dinâmica: "distinguir sem separar, nem dividir para unir, sem misturar, nem confundir" (1994: 91-92).

Desta forma, para mim, a chave do diálogo estaria no que esses autores chamam de *interpelação recíproca* (1994: 96), que combinasse os níveis de pertença com os de troca, como explicitado nos capítulos primeiro e quinto deste livro. Interessante também é a conclusão do ponto de vista católico de Dom Estevão Bettencourt, que, em artigo à revista "Pergunte e responderemos", embora ainda mantendo uma postura de demarcação com a alteridade religiosa, afirma que "possam os cristãos *interpelados* por seus irmãos aquarianos tornar viva a consciência da sociedade e do valor das palavras do Evangelho" (grifo meu) (Bittencourt, 1994).

Quanto às interpelações que a Nova Era suscita o Cristianismo histórico, estas já foram expostas no capítulo anterior. Mas elas todas confluem para uma grande interpelação de fundo que diz respeito às *manifestações explícitas do transcendente*, abundantes na Nova Era e escassas no Cristianismo moderno. O Cristianismo histórico reconhece os "milagres" do passado, cultuados como forma de exemplaridade e normatividade para os fiéis. Mas sobre os "milagres" do presente, cerca-os de uma "dúvida metódica", examinando as implicações éticas e políticas que podem favorecer as posições eclesiais na sociedade moderna através de tribunais eclesiásticos e de um direito canônico que, quando os chancela, tem seu "carisma selvagem" arrefecido pela tutela e as exigências institucionais.

As igrejas históricas estabelecidas reconheceram a legitimidade do mundo científico e técnico, admitiram o uso da razão como forma de traduzir a fé. Estabeleceram uma linha demarcatória entre os domínios do espiritual e religioso e do científico, secular, em que um não contradita o outro. A Nova Era, ao contrário, sustenta a ideia de que o plano espiritual incide diretamente sobre o plano material, causando efeitos nele. Logo, a tarefa da ciência seria abrir-se e incorporar essas manifestações espirituais no rol de seus saberes e, por esse mecanismo, os recursos da ciência (teoria e método) poderiam ser empregados para "provar" a existência de uma realidade transcendente. Esta perspectiva aproxima-se da antiga Gnose, na qual a espiritualidade faz parte do processo de conhecimento e vice-versa. Fenômeno que Albert Piette chamou de "religiões científicas". Ou seja, a estratégia de "gravar sobre um conteúdo tradicionalmente religioso (alma, reencarnação), uma forma técnico-científica, começando assim uma nova relação sincrética entre atividade secular (no caso, a ciência) e a religião" (1993: 82).

O best-seller do médico norte-americano Brian Weiss "Muitas vidas, muitos Mestres" é um exemplo desta perspectiva científico-espiritual *new age*. Weiss era agnóstico, mas por suas pesquisas no campo da psicologia, utilizando a técnica de regressão de memória, conclui pela via da ciência, pela existência de "vidas passadas". No prefácio de sua obra afirma "quando Galileu descobriu as luas (...), os astrônomos recusaram-se a aceitar (...), o mesmo acontece com os psiquiatras e outros terapeutas que se recusam a examinar e avaliar o número considerável de provas acerca da sobrevivência da morte física e de lembranças de vidas passadas" (1991: 15). Esse autor defende o argumento de que a ciência poderá vir a reconhecer que através de seus pressupostos e metodologia pode-se obter uma chave de acesso ao inefável e transcendente. Este processo já está produzindo nos marcos da Nova Era uma "ciência espiritualizada" ou um "espiritualismo científico", que em outro estudo chamamos de "religiões seculares" (Camurça, 2011).

Por esses exemplos, depreende-se que, no período da chamada modernidade, o cristianismo dito histórico terminou por aceitar a condição de "religião privada" e voltada para as questões éticas e afetivas, cedendo às grandes instituições do Estado, da Ciência e do Mercado o domínio do espaço público. É a Nova Era (ao lado, e em tensão com o fundamentalismo) que se apresenta defendendo a presença viva da espiritualidade no cenário moderno, mesclando-se, criticando e confundindo-se com os estilos mais visíveis da contemporaneidade.

No entanto, a partir de meados dos anos 1990, o Cristianismo histórico foi atravessado por um *boom* de mística e magia, que no universo protestante representou-se no (neo) pentecostalismo e no católico na Renovação Carismática.

Através da intervenção direta do Espírito Santo, fenômenos como oração em línguas, profecias, visões, curas, dons, a liberação do corpo mortificado em catarses coletivas, efervescências e manifestações incontidas dos "batismos" e "repousos" no Espírito, as "aeróbicas de Jesus", os padres e pastores *pop stars* que transformam missas e cultos em *performances* lúdicas (Carranza, 2005; Souza, 2005), tudo isso eclode no *mainstream* do Cristianismo (católico e protestante), confrontando-se e transformando sua faceta formal, letrada e dogmática.

Mesmo que sustentem foros de crítica contundente em relação à Nova Era, no pior estilo da intolerância religiosa da ortodoxia acima mencionada, é possível detectar-se determinadas afinidades entre carismáticos e *new agers*, no desafio que ambos impõem à racionalidade científico-instrumental de uma modernidade imperante. A instigante pesquisa e reflexão de Eliane Martins de Oliveira na Comunidade carismática da Canção Nova sugerem muitos pontos de contato e interfaces entre carismáticos e *new agers*, a que ela se refere como "*diálogos* (im)possíveis entre a Nova Era e a Renovação Carismática" (grifo meu) (2003, 2004), coincidentemente com nossas preocupações neste texto.

Além disso, outro fenômeno perpassa a estrutura católica, trazendo ecos da Nova Era para seu seio. Este proveniente das transformações operadas na "Teologia da Libertação" pela crise da esquerda e o fim dos regimes comunistas, e assunção do paradigma holista-ecológico nas formulações dos teólogos Leonardo Boff e Frei Betto. Isto será o tema do próximo capítulo.

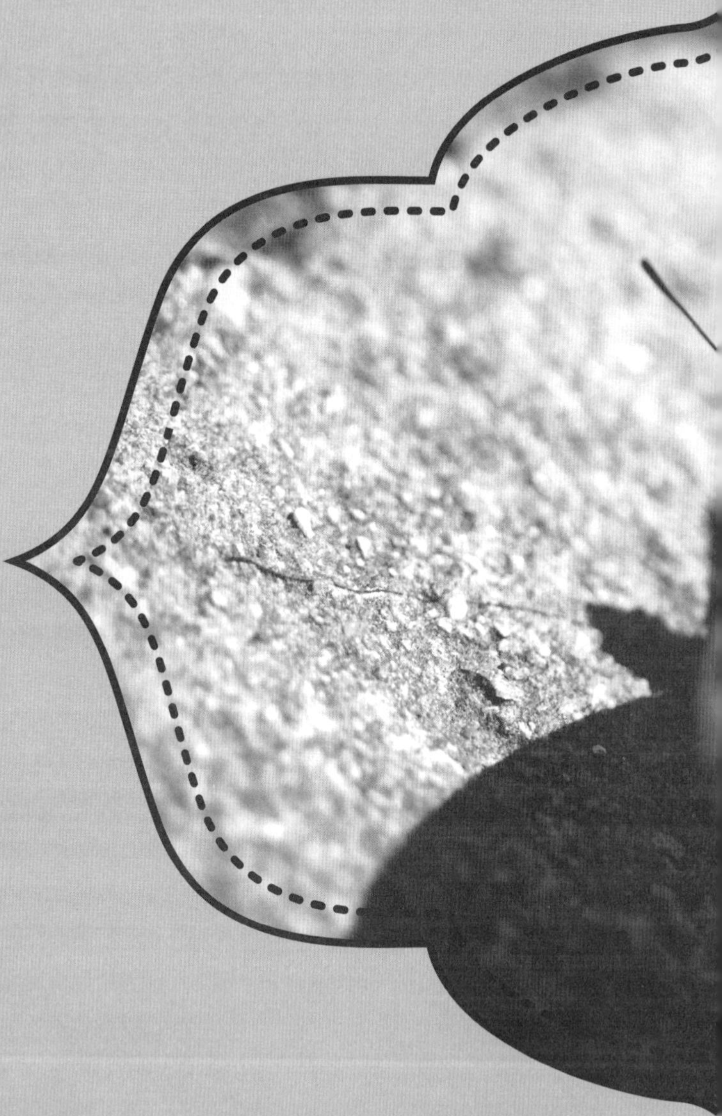

7

A influência da Nova Era na Igreja católica e o Holismo da Teologia de Leonardo Boff e Frei Betto[7]

A sombra New Age e o colosso católico

Um espectro ronda o Cristianismo Histórico – o espectro da Nova Era. As potências desse cristianismo institucionalizado unem-se, numa Santa Aliança, para evitar sua penetração: o papa, os pentecostais, os carismáticos, a direita conservadora e os progressistas da "pastoral popular".

Na Igreja Católica, teme-se que a influência deletéria da Nova Era venha descaracterizar os pressupostos da fé cristã. Este receio está expresso na advertência feita pelo Santo Padre aos bispos norte-americanos em 28 de maio de 1993, quando diz que "as ideias do movimento 'New Age' conseguem, às vezes, insinuar-se na pregação, na catequese, nas obras e nos retiros, e deste modo influenciam até mesmo católicos praticantes que, talvez, não

[7] O capítulo 7 é a versão modificada do artigo "Sombras na Catedral; a influência New Age na Igreja Católica e o Holismo na Teologia de Leonardo Boff e Frei Betto", publicada em *Numen,* vol. 1, n. 1, 1998, p. 85-125.

tenham consciência da incompatibilidade entre aquelas ideias e a fé da Igreja" (apud padre Joãozinho, 1994: 11).

Poderíamos prosseguir a analogia de Karl Marx em seu *Manifesto Comunista* perguntando: que experiência religiosa inusual surgida recentemente no seio do Catolicismo não foi associada à "pecha infamante" da Nova Era? Desde a corrente teológica pluralista – classificada pela Comissão Teológica Internacional da Hierarquia da Igreja como muito próxima das propostas *New Age* (Geffré, 1993: 6) – até a Renovação Carismática, que na crítica do teólogo "progressista", Vítor Galdino Feller, "cai na mesma heresia da Nova Era" quando identifica "as pessoas divinas do Filho encarnado e do Espírito Santo" (Feller, 1995: 356).

Por, de maneira geral, existir uma concordância na hierarquia, no clero, nos teólogos e pastoralistas de que a influência da Nova Era na Igreja Católica é sutil, difusa e penetra de uma forma subliminar, quase invisível, fazendo-se mister "separar o joio do trigo", assistimos, então, tanto nos setores "conservadores", quanto nos "progressistas" da Igreja, a um esforço de demarcação das fronteiras do Cristianismo, diante das concepções da Nova Era. Gostaríamos, aqui, de trazer dois exemplos deste esforço de demarcação: o primeiro do padre Joãozinho, de perspectiva "conservadora", e o segundo do frei Vítor G. Feller, do setor "progressista", esforços que se igualam (a despeito de suas diferenças) quando visam demonstrar a incompatibilidade da Nova Era ao Cristianismo.

Padre Joãozinho, em seu livro "Nova Era e Fé Cristã", procura, ao longo dos capítulos, estabelecer pontos de oposição entre a doutrina cristã e as ideias *new age*. Procurarei, reproduzir, de forma sucinta, as oposições explicitadas por ele:

– *Cristianismo*

a) Deus pessoal – Trino.

b) Deus criador, transcendente.

c) Imperfeição: quando o relacionamento com Deus é quebrado pelo pecado, que é recusa radical do amor ao *Totalmente Outro existente.*

d) Redenção pelo sacrifício do Cristo na cruz; pela *misericórdia* de Deus que dá a graça da purificação.

e) Homem como criatura de Deus, salvo pela fé em Cristo e Deus.

f) Jesus, Filho unigênito de Deus, Verbo Encarnado e Salvador da Humanidade.

g) Tempo linear, que desemboca na *Parusia*, que é tempo final, pleno.

h) Ecumenismo.

i) Cristianismo como doutrina histórica e universal.

– *Nova Era*

a) Deus impessoal – Energia Cósmica.

b) Deus fusionado no cosmos – Monismo/Panteísmo.

c) Imperfeição: captação da consciência cósmica limitada, que não alcança o *Todo*, mas o fragmentado.

d) Autoaperfeiçoamento, autopurificação pela *reencarnação* – iluminação pela consciência do *Todo*.

e) Homem como parte integrante da divindade – mente com infinito poderes.

f) O Cristo como manifestação da consciência cósmica – Avatar, Mestre iluminado.

g) Tempo cíclico, sem começo nem fim.

h) Sincretismo.

i) Relativiza toda doutrina religiosa, em prol de uma "religião universal".

Frei Vítor G. Feller, por sua vez, no artigo *Nova Era e Fé Cristã: mútua Exclusão?!*, procura fazer uma crítica às limitações das ideias da Nova Era, contrastando-as com, o que julga, a profundidade e amplitude da teologia cristã.

As clivagens entre um Cristianismo pleno e uma Nova Era limitada, apontadas na argumentação de Feller, podem ser resumidas desta forma. Ele apresenta as vantagens de um Cristianismo histórico e encarnado em relação à Nova Era, uma espiritualidade de tipo gnóstico e intimista. O "descuido" com a "facticidade histórica", nas "parábolas" e "mitos" *new ages*, implica, segundo ele, uma desconsideração desta para com a "inserção nas lides históricas, na transformação da realidade sociopolítico-econômica" (1995: 354). Esta desconsideração para com o devir histórico na Nova Era, segundo ele, também deriva em um "imediatismo" e um presentismo de caráter "hedonista das emoções e sentimentos" (1995: 358).

Outra distinção apresentada por Feller opõe um Cristianismo que pensa a diferenciação e a diversidade a uma Nova Era monista que projeta a seu redor o eu egocêntrico como centro de tudo (1995: 346). Para o Cristianismo a existência de um Deus totalmente distinto e transcendente é possibilidade de definição da identidade e liberdade de cada um, na relação com esse Deus maior; ao passo que para a Nova Era, o Deus-energia-cósmica, captável somente *no interior de cada um*, duplica esse mesmo eu, como extensão de si, ao mesmo tempo promovendo uma indiferenciação monista e panteísta (1995: 347-348). A fé cristã, ao contrário, reconhece as diferenças e os conflitos que advêm dessa diferença e promove na superação do pecado – pelo esforço do homem e pela graça de Deus – a reconciliação desses conflitos (1995: 348-349).

Ante o cristão que se volta para o social e para a comunidade, Feller vê o indivíduo da Nova Era "livre dos condicionamentos sociais e comunitários", "único detentor da verdade e identificado com o próprio Deus", cultor de "poderes paranormais" e das "canalizações forçadas e forjadas para um encontro com o divino e sua posse pelo 'self' de cada um" (1995: 354).

Embora partindo de setores distintos da Igreja Católica, tanto a crítica demarcatória "conservadora" quanto a "progressista" concordam, quanto ao caráter desagregador que a Nova Era possui, com a identidade cristã (e as demais religiões históricas). Padre Joãozinho ressalta "a necessidade de estarmos convictos de nossa identidade cristã (...) na lógica sincrética [da Nova Era] a identidade de cada cultura religiosa acaba dissolvendo-se em uma mistura confusa de critérios" (1994: 43). Já Vítor G. Feller afirma que "a Nova Era (...) vem a ser um golpe mortal sobre toda a dogmática, seja ela cristã ou islâmica ou marxista" (1995: 359).

No limite, padre Joãozinho diz que a Nova Era "sugere o fim do cristianismo. É um perigo real. Quem não se opõe energicamente à lógica aquariana está ajudando esta rede anticristã" (1994: 32). E o argumento de Feller atinge o paroxismo quando vê a Nova Era como "o resultado da tentativa de se criar uma única 'religião', justificadora do imperialismo capitalista" (1995: 358) e "que ela oferece todo o suporte religioso-cultural-ideológico para o avanço do globalismo econômico uniformizante recém-fundado com o fim do socialismo" (1995: 354).

Para além do clima de caça-fantasmas e bruxas da Nova Era (para não dizer de gnomos, duendes e fadas) que assola a Igreja Católica, nós nos proporíamos a detectar indicadores empíricos desse clima new age que "contamina" a Igreja. Onde estariam as manifestações desta assimilação da Nova Era nas práticas e crenças dos católicos, objeto do alerta e do alarme descritos acima?

Segundo pesquisa do *Instituto Gallup*, em 1990, metade dos entrevistados que se consideram católicos afirmou acreditar na "reencarnação". Outra pesquisa realizada pela agência publicitária *LPM*, publicada na *Revista Veja*, em dezembro de 1991, detecta que "sete em dez [católicos] tinham o costume de consultar cartomantes, videntes, tarólogos" (Giumbelli, 1995, D'Andrea, 1996: 199). Em um *survey* realizado durante os meses de setembro e outubro de 1993, entre universitários estudantes do *Instituto* de *Filosofia* e *Ciências Sociais* da UFRJ, organizado pela antropóloga Regina Novaes, com o fito de traçar um perfil religioso desses alunos, ao fazer-se a pergunta: "onde estariam os representantes da chamada 'nova consciência religiosa', clientela potencial das mesas de tarô, I Ching, mapa astral etc.?"; chegou-se por meio das respostas aos questionários à seguinte conclusão: "estão nas franjas constitutivas do catolicismo, vivido em uma espécie particular de sincretismo". E, enfeixando suas argumentações de forma a concluir, a antropóloga afirma: "Enfim reconhecendo a imensa porosidade do catolicismo em relação à sociedade, porque – em um tempo de *new age*, 'nova era' ou esoterismo – os católicos, sempre includentes, ficariam imunes a esta onda que envolve a sociedade?" (Novaes, 1994: 70). Esta é uma reflexão que devemos explorar mais à frente, porque relativiza os esforços demarcadores dos teólogos e do clero em relação à Nova Era, questionando-os com uma característica histórica e social de sua Igreja: a *inclusividade católica*. Ela coloca – através do mesmo histórico e social de tanta relevância para esses setores, em seu intuito de se diferenciar do *sincretismo New Age* – um equivalente *sincretismo*, este genuinamente católico.

Ir. Israel Nery, em seu texto *Nova Era: Elementos para uma Visão Crítica*, detecta uma "vertente crística" da Nova Era que manipula "à vontade, a pessoa, os milagres e ensinamentos de Jesus, citando a seu bel-prazer passagens da Bíblia, sobretudo do Novo Testamento", e desta forma, segundo ele, "um bom número de cristãos participa de cursos, congressos e compra livros e vídeos dessa vertente crística". Para Nery, este movimento alcança uma amplitude, "especialmente porque um dos principais líderes e escritores desta vertente crística no Brasil é o sacerdote Lauro Trevisan, com um centro bem-montado no Rio Grande do Sul e certa influência em todo o Brasil e mesmo no exterior" (1995: 185).

Em um interessante ensaio, em que Anthony D'Andrea busca caracterizar um Cristianismo de tipo *New Age*, ganha centralidade a figura do escritor Paulo Coelho, que, "mesmo sendo mago, acreditando na reencarnação e sustentando uma posição (...) Nova Era (...), se declara abertamente católico" (D'Andrea, 1996b: 6). D'Andrea lista alguns indicadores desse catolicismo new age de Paulo Coelho: sua sólida formação católica, de aluno do Colégio Santo Inácio, onde fez catecismo e primeira comunhão; seus romances que se inspiram "em personagens, símbolos e alegorias do imaginário cristão medieval ou cristão bíblico: profetas, padres e santos católicos", assim como no "monoteísmo hebraico-cristão" (D'Andrea,

2000: 211-212), sua opinião "numa entrevista na Califórnia, [que] dentre os livros mais importantes [estão] a Bíblia e os Exercícios Espirituais de Santo Inácio de Loyola" e a existência em sua *website* de "um espaço visual com sete figuras. Destas, seis são católicas: Virgem Maria, Jesus, Imaculada Conceição, São Miguel, Nossa Senhora Aparecida, Santa Bernadete" (D'Andrea, 2000: 212).

Outros indicadores da presença *new age* no catolicismo vêm nos depoimentos do próprio padre Joãozinho, funcionando como preâmbulo para sua demarcação. Diz ele ter encontrado "muitos cristãos que se dizem 'espiritualistas'" e que, há pouco, tinha atendido "uma senhora de 85 anos que, apesar de católica convicta, durante a maior parte de sua vida, viveu a filosofia pregada pela Seicho-no-ie" (1994: 59-60). Em outra pesquisa, realizada no Nordeste, o frade carmelita e antropólogo, Tito Figueroa de Medeiros, "descobriu uma senhora carismática, no Recife, que joga tarô no baralho de cartas (...) e justifica isso dizendo que o mesmo Espírito Santo que a inspira na oração, também a inspira no tarô" (Figueroa de Medeiros, 1997: 43). Sobre o "tarô católico dos santos", como expressão de um "catolicismo new age", ver também o ensaio de Silveira (Silveira, 2009: 107-135).

Mais interessante, porém, é a descoberta, pela pesquisa de Tito Figueroa de Medeiros, de uma prática *holística* nos *Seminários Inter-regionais de Vida Religiosa Inserida*, no Nordeste; ou seja, em comunidades religiosas, na maioria de irmãs, contando com um pequeno grupo de irmãos e frades, em que se utiliza "a holística aplicada à medicina e à cura, a holística como utilização de técnicas de meditação, de oração, de relax, seja a holística tomada dentro de uma visão integradora e totalizante, do mundo, do universo e de Deus" (Figueroa de

Medeiros, 1997: 40). Essas práticas se expressam no "Instituto Holístico Madre Paulina", situado em Petrolina-PE, de propriedade de uma congregação religiosa feminina e dirigida por uma das irmãs dessa congregação que tem a titulação de Curso Superior de Enfermagem. "Trabalham lá irmãs em parceria com leigos terapeutas" (Figueroa de Medeiros, 1997: 48).

Por fim, cabe ressaltar como um último indicador dessa influência o caso de Leonardo Boff e Frei Betto, atualmente considerados, pelos setores conservadores da Igreja, como "dois pensadores cristãos [que] mergulharam na Rede New Age" (Padre Joãozinho, 1994: 27). O livro *Mística e Espiritualidade*, escrito pelos dois em parceria, é avaliado por esses setores da Igreja tendo "um pé no sincretismo e relativismo religioso", semelhante à "teosofia de Blavatsky, inspiradora da Nova Era" (1994: 27).

Entretanto, para os setores da vida religiosa da Igreja, permeáveis à ideia da *holística* como referência para sua atividade pastoral, a inflexão místico/ecológica que Boff imprime sua trajetória o transforma em uma *expressão destacada* de um novo modo de ser Igreja, que parece estar sendo gestado. Essa inspiração em Boff aparece na análise de Tito Figueroa de Medeiros das práticas holísticas nas irmãs de Congregações religiosas no nordeste (Figueroa de Medeiros, 1997: 45).

Separar o "joio do trigo"

A perspectiva que visa demarcar o Cristianismo da Nova Era, de acordo com a imagem evangélica de "separar o joio do trigo", entende a necessidade de preservar este cristianismo de ser apropriado pelo que julga ser ideias ecléticas que o esvaziam "de sua substância original e injeta[m]-lhe um conteúdo novo" (Bergeron, Bouchard, Pelletier, 1994: 89). Dessa forma o cristão, católico mediano ou "menos avisado" corre risco quando se aproxima da Nova Era, "adotando uma ou outra de suas crenças ou de suas técnicas [de] se deixar introduzir por esta porta oculta em um paradigma que invalida, pouco a pouco, a visão cristã de mundo" (Bergeron et alli, 1994: 98). Esta característica corrosiva à fé cristã, atribuída à Nova Era, leva, no limite, a uma interpretação conspirativa da alteridade, que se traduz em uma atitude defensiva, ante o que consideram uma ameaça premeditada. O padre Joãozinho alerta que "não se pode admitir que o 'lobo new age' faça sua mortífera catequese disfarçado de ovelha cristã" (1994: 84).

Norteia essa atitude demarcatória um zelo por conter a entrada desse "contrabando" para dentro da Igreja, que se traduz, até agora, em uma preocupação de vigilância e até de denúncia dos casos concretos detectáveis. Dos exemplos descritos anteriormente, registramos o temor da hierarquia dos setores da vida religiosa da Igreja, de que a experiência com o holismo entre as religiosas as leve a cair num "panteísmo diluído ou que venham a praticar um macroecumenismo sem a devida preparação" (Figueroa de Medeiros, 1997: 44). Paulo Coelho, por sua vez, é denunciado pelo padre Joãozinho por mercantilizar e "manipular o misticismo popular", sendo sua influência entre os católicos considerada perniciosa, pelo sincretismo que inocula "sacrificando verdadeiras pérolas da fé cristã" (Padre Joãozinho, 1994: 22).

O padre Lauro Trevisan também é denunciado pelo padre Joãozinho por mercantilizar a religião e classificado como uma das pessoas da Igreja Católica que "tem se apropriado do lucrativo filão da Nova Era", que "confunde muitos cristãos que não estão seguros da doutrina católica". Padre Joãozinho esclarece, contudo, que ele "está totalmente à margem das atividades oficiais da Igreja Católica, suas publicações não são autorizadas. Já foi advertido diversas vezes, mas preferiu manter-se como bem-sucedido empresário da Nova Era" (1994: 21).

Todavia, dos autores por nós citados que elencaram os pontos demarcatórios do Catolicismo em relação à Nova Era, o "conservador" padre Joãozinho prefere eximir Leonardo Boff e frei Betto de um pertencimento *new age* quando diz que "apesar de toda nossa crítica, não identificamos Boff e Frei Betto como adeptos militantes da Nova Era. Estão na rede. Mas parecem mais pensadores sinceros em busca da verdade" (1994: 28). Consideramos que o nível de rigor teológico com que Boff e Betto desenvolvem suas argumentações e as querelas que sustentaram com a hierarquia da Igreja impuseram um considerável respeito no tipo de crítica exercida contra eles. Quanto ao "progressista" Feller, este não só se exime de estabelecer qualquer parentesco entre Boff e a *New Age*, como aponta (de uma forma que consideramos artificial) "pertinentes e certeiras críticas que Leonardo Boff faz à Nova Era" (1995: 354), além de realçar como revolucionário o paradigma planetário do teólogo, ao elogiar "a contribuição de Boff quando apresenta as contribuições do cristianismo à nova ordem mundial" (1995: 359). Identificamos aqui uma tentativa de Feller de associar Boff a sua crítica à Nova Era do ponto de vista da "Teologia da Libertação", quando afirma "a crítica à Nova Era a partir dos pressupostos filosóficos e teológicos da teologia da libertação" (1995: 358), visto ser Boff um dos "pais fundadores" desta escola teológica.

Demarcação ou Fusão das experiências espirituais na constituição das Culturas Religiosas?

Gostaríamos, agora, de *problematizar* esta visão que destaca um Cristianismo "puro" a ser preservado da influência desagregadora da Nova Era "sincrética", com a argumentação de abalisados teólogos dentre estes, destacamos o próprio Boff, ao considerar o *sincretismo* como elemento ativo na formação das religiões em geral e interpretar o Cristianismo como um "grandioso sincretismo" da cultura judaica com o helenismo (Boff, 1977: 54).

Segundo Azevedo, a concretude do Cristianismo é moldada, em seu percurso histórico, por várias culturas, assimilando e partilhando com elas seus elementos e gerando sucessivas *configurações* e *reconfigurações*. Ele vê, já nas origens da história do Cristianismo, "a reconfiguração do Evangelho como resultado de relações interculturais (...) os quatro Evangelhos são redigidos em grego, a partir da memória e das experiência das comunidades (...) de matriz semítica". Esta configuração antiga transitaria para a "configuração do Cristianismo em sua versão cultural inspirado ocidental-europeia e sobretudo mediterrânea (...) alimentada pela dinâmica de Cristandade na Idade Média" (Azevedo, 1994: 11). Bourdieu, citando Ernst Troeltsch, diz que só se pode falar em continuidade das crenças ditas cristãs por sua capacidade de transformação em favor das sociedades nas quais elas se plasmam. Desta forma, o nome Cristianismo é a única coisa que essas crenças têm em comum (1974: 52).

Diante da demarcação tão salientada entre um Cristianismo presumivelmente "todo coerente" distinto de uma Nova Era marcada pelo *ecletismo*, gostaríamos de chamar atenção para uma igual diversificação do Catolicismo, que, segundo Sanchis, "consegue compatibilizar o incompatível" (1986: 5), pela centralidade de um *significante* sacramental em torno do qual convivem muitos *significados*. Sobre as mesmas imagens e símbolos consagrados da Igreja Católica, assiste-se muitas vezes em fiéis, grupos e movimentos, à produção de múltiplos sentidos particulares, convivendo com a interpretação "oficial". Se o cristianismo-católico tem por natureza um caráter inclusivo e até em certo sentido conciliador e acomodador das diferenças, por que ele não poderia absorver também um estilo *new age*?

Uma primeira questão se coloca: O que agora está sendo demarcado e separado (gnose, ocultismo, astrologia, espiritualidade cósmica), como apontaram Bergeron, Bouchard e Pelletier, já não vem acompanhando o Cristianismo ao longo dos séculos como uma *sombra*? E recalcado como magia, heresia e satanismo? Questionamos, então, junto com esses autores, será que o "cristianismo oficial vai novamente repudiar sua sombra, como no passado?" (1994: 87).

Uma outra questão também se coloca: como se explica que se, de um lado, a dimensão do cósmico, terapêutico e do mágico conviveu como sombra com o Catolicismo, uma outra forma também em descompasso com a doutrina oficial, como a *religiosidade popular* do "culto dos santos" com toda a sua gama de "superstições", foi, de certa forma, trazida à luz e tolerada pela instituição Igreja? Rubem César Fernandes, analisando o caso das romarias do "catolicismo popular" aos santuários controlados pela hierarquia clerical da Igreja Católica no Brasil, afirma que "através de conflitos, erros, mal-entendidos, apesar das barreiras linguísticas e culturais, os padres e os romeiros conseguiram afinal se comunicar. Expressavam-se em discursos religiosos dissonantes, mas se compreendiam o bastante para formar um sistema comum. Em suma, ambos eram 'católicos'" (1988: 95). Embora as duas crenças (a da Nova Era, nos poderes cósmicos de cristais, florais, pirâmides, gnomos, fadas, duendes, e a do "catolicismo popular", nas "almas", no poder das relíquias e amuletos ligados ao "culto dos santos") fossem incongruentes com a razão e o *logos* teológico, nossa hipótese para o tratamento desigual dado a uma e a outra dentro do Catolicismo é de que a primeira, por estar comandada por uma perspectiva *trans-histórica* que ultrapassa, como *metarrevelação*, à revelação inscrita no chão histórico da Galileia, corre o risco de transbordar a espiritualidade expressa como Cristianismo, ao passo que a segunda, por sua capacidade mimética de colar-se aos símbolos institucionais, mesmo que os reinterpretando, continua gravitando em torno do campo semântico do que se chamou Cristianismo.

Todavia, para nós, as ultrapassagens realizadas pelo esoterismo para além das fronteiras estabelecidas pelo logos teológico encontram sua legitimidade no lugar da experiência mística.

Sabemos, ainda, que o grau de profundidade de uma experiência mística encontra sua legitimidade na capacidade hermenêutica que determinada teologia histórica (seja ela judaica, cristã ou islâmica) possui ao interpretá-la. Entretanto, ousamos propor que a *hermenêutica dessa espiritualidade passe por um enquadramento mais amplo e menos demarcado, no sentido de metarrevelações* (Carvalho: 1992: 148-151).

Ao nos envolvermos com a temática do espiritual, nossa análise termina por tangenciar questões teológicas. Contudo, o específico da disciplina antropológica é *desnaturalizar* os discursos *metassociais*, relendo-os como instâncias de produção de sentido, e não como apreensões conceituais do inefável (Novaes, 1992: 24). Cresce, todavia, em nosso meio, uma atenção para o específico da dimensão da mística e da espiritualidade nas interpretações antropológicas, sob pena de essas interpretações perderem a sensibilidade para o singular do fenômeno religioso, enquanto *numinoso*, em relação aos demais fenômenos culturais (Carvalho, 1994: 73). Para o antropólogo José Jorge de Carvalho, há que se levar em conta "o problema da espiritualidade plena, superior, sem a qual não faz muito sentido tentar compreender a dimensão religiosa" (1992: 152).

Será, portanto, na interface do *relativismo antropológico* com uma *hermenêutica da experiência espiritual*, que buscaremos estabelecer afinidades eletivas entre a chamada "nova consciência religiosa" e as reflexões e práticas dos dois teólogos em foco, no sentido de medir o grau de influência do *zeitgeist* holístico e *new age* no Catolicismo.

A Teologia Holista de Leonardo Boff e Frei Betto

Desterritorialização e combinações suis generis

Como primeira grande questão, perguntaríamos: por que Leonardo Boff e frei Betto passaram a produzir ideias e reflexões sob uma forma nova?

Uma de nossas hipóteses para as experimentações e combinações heterodoxas e autônomas que Boff vem realizando está em função de sua *desterritorialização* (Deleuze, 1996) da instituição Igreja, produto de sua saída do sacerdócio e da Ordem Frades Menores.

Devido a sua nova condição, passa a ver como sinal de inovação e criatividade uma atuação fora das instituições religiosas e estruturas eclesiais, aliada à desconfiança quanto à vivência da espiritualidade pelo seguimento a um magistério exterior. Diferenciando-se da obediência de outro inovador, antecessor seu, Teillard de Chardin, que tinha "uma compreensão da Igreja, como bom jesuíta, que eu não tenho mais" (1996: 39), sublinha sua "iracúndia sagrada" e "inconformidade contra o autoritarismo da Igreja e contra sua pretensão de possuir o monopólio dos bens de salvação" (1996: 159).

Para ele, os "criadores" de "ideias novas" são o que nomeia de "hereges da ciência", pois quem fica fiel "ao paradigma científico, continua sempre dentro da física. Nunca vai ser um Einstein ou um Heisenberg" (1996: 36). Da mesma forma, avalia que o que uma "Igreja organizada" considera "loucura" é "carisma" e "novidade", produzido por quem está "para além dela" (1996: 37). O que poderia resumir-se nesta frase sua: "A Igreja eu relativizo" (1996: 39).

Essa nova condição permite ao teólogo colocar-se em disponibilidade para combinações teológicas mais "livres" em relação a uma matriz mais delineada.

E essas experimentações inéditas se fazem mesmo em relação a seu *próprio* percurso biográfico anterior. Como argumentamos no capítulo 1, reconhecemos uma revisão de seu pensamento quanto à questão da *reencarnação*, que foi desqualificada em escritos anteriores como sofrendo de "profunda indigência antropológica, não toma[ndo] o homem a sério em suas decisões" (1980: 166-167), mas que agora passa a ser respeitada enquanto "uma reflexão milenar" ou aproximada na busca de pontos comuns, quando diz que "nossa psique é acumulativa (...) mergulhamos nas memórias coletivas que nos antecederam: humanas, animais, vegetais, cósmicas (...) o ser humano é a suprema memória, ele tem muitas existências (...) se você entende reencarnação nessa perspectiva, eu digo sim" (Liano Jr., 1997: 20).

Da mesma forma, nos anos setenta, quando coordenou o programa editorial da Vozes, o teólogo Boff hesitou acerca da "seriedade" dos primeiros ensaios sobre a *Psicologia Transpessoal* que se introduziam no Brasil através de Pierre Weil, decidindo-se por fim por sua publicação. Este episódio foi relatado em palestra pelo Psicólogo da Religião, Edênio Valle, na época consultor editorial da Editora Vozes, a quem Boff pediu um parecer sobre a validade da publicação dos escritos de Pierre Weil acerca da Psicologia Transpessoal. Edênio Valle conta que sugeriu a publicação, pois julgava necessário apresentar outra vertente de psicologia da religião, alternativa ao "behaviorismo" e ao "marxismo", então imperantes em nosso país. As obras que se seguiram sendo publicadas foram: *A Consciência Cósmica*, *Fronteiras da Regressão*, *Fronteiras da Evolução e da Morte*, *Mística e Ciência – Pequeno Tratado de Psicologia Transpessoal*, *Sementes para uma Nova Era*, todas elas já com várias reedições.

Posteriormente (ao lado de uma estreita convivência com Pierre Weil, que desenvolveremos mais abaixo), notaremos uma influência no pensamento de Boff de um holismo que embute a psique individual na psique cósmica, proposta pela Psicologia Transpessoal. Segundo Boff, em entrevista:

> se pensarmos ainda pela psicologia do profundo, a história inteira da humanidade deixou marcas em nós, na forma de arquétipos (...) somos velhos como o mundo, tudo isso está dentro de nós (1996:156) ou nossa psique já estava presente no primeiro momento da energia

> primordial (...) o Big Bang (1996:108), ou ainda a psique é acumulativa, guarda informações do contato com as energias cósmicas, com as plantas, com os dinossauros. Essas memórias ficam, nunca se perdem (Liano Jr., 1997: 20).

Encontramos nas novas combinações propostas por Boff e Betto, aliadas à autoridade de quem passou pelo rigor da Teologia Sistemática, uma liberdade de experimentações que se assemelham ao "aproveitamento livre do que há de 'bom' nas religiões", realizado pela Nova Era (Nery, 1995: 181). Boff defende a maneira *new age*, a desabsolutização da verdade revelada em cada religião, quando diz que "devemos considerar os diferentes caminhos espirituais não como opostos, mas como complementares" (1996: 141). Sintomaticamente, os elementos com que a Nova Era se vale, enquanto recursos, para viver sua espiritualidade, são (quase) os mesmos que Boff e Betto percorrem em suas reflexões. Listamos alguns:

– A primazia para a dimensão místico-esotérica e a relativização das religiões em seu aspecto esotérico, quando diz que "é preciso estar atento para a importância das muitas tradições espirituais e aprender como podemos enriquecer-nos delas, quer sejam orientais, budistas, do zen-budismo ou ocidentais, das culturas originárias da América Latina" (1996: 67), remete-nos à interpretação da antropóloga Leila Amaral, para quem através das "vias religiosas e das filosofias transcendentais e holistas o homem moderno se confronta com o diverso – o oriental, o indiano, o indígena, o popular" (1994: 26).

– As referências à tradição oriental de Chuang-Tzu, Lao-Tse, Confúcio, Sidarta Gautama, o Buda, na busca de "superar uma visão exteriorista e apenas historicista para despertar a dimensão zen de cada um" (1996: 140) e alcançar "uma mística do zen dentro do espaço ocidental cristão" (1996: 7).

– A tendência em procurar convergências e um vínculo orgânico entre as tradições espirituais e religiosas e as ciências quando afirmam que "existem propostas (...) de religiões (...) que procuram aceitar o desafio de hoje, dentro da visão da cosmologia moderna, esta nova visão que vem da física quântica, da nova antropologia, das ciências astrofísicas. Aí é um lugar da experiência de Deus, da revelação do sagrado" (1996: 85).

Esta é a razão do estranhamento com que setores mais ortodoxos da Igreja Católica avaliam as experimentações praticadas pelos dois teólogos, para quem "isso se parece demais com a teosofia de Blavatsky, inspiradora da Nova Era". Para a ortodoxia da Igreja, "Frei Betto e Boff contemplam muitos outros 'objetos' expostos no museu da Nova Era: A ciência mística de Capra, chacras, Jung, meditação transcendental" (Padre Joãozinho, 1994: 27).

Surpreendendo com suas novas percepções, Boff incorpora o mito da trajetória de Kundalini, a serpente cósmica, que desperta dentro de nós, ativando todos os "sete chacras internos" de nosso corpo, alcançando o "terceiro olho", que nos dá a intuição de totalidade, irradiando pela cabeça (glândula pineal), retornando ao cosmo, vitalizando e religando o ser humano à experiência de infinitude e dimensão cósmica do amor (1996: 152-153). Também percebe "o Universo como um imenso teatro, onde Deus e suas virtudes bailam e nós somos convidados à dança celeste" (Liano Jr., 1997: 21), lembrando o mito hinduísta de *lila*, a divina peça, em que o mundo é visto como um palco em que Shiva, como o

Deus da Criação, sustenta com sua dança cósmica o ritmo interminável do Universo. E relata suas vivências espirituais como integração no Todo divino: "Há um exercício que faço da grande tradição dos místicos, sejam cristãos ou iogues, que é a meditação da luz: a pessoa abre a cabeça (...) e capta essa luz que é um mistério para a ciência (...) Ela enche o universo todo. Luz é o próprio Deus, são as energias universais" (Liano Jr., 1997: 20).

Frei Betto, por seu lado, maravilha-se em encontrar Deus, por trás do *quark*, ínfima partícula subatômica, e aconselha a leitura do *Tao da Física* e *O Ponto de Mutação* de Fritjof Capra, um dos *gurus* da Nova Era (1996: 99-101). Fala das meditações diárias que passou "a empreender através do budismo, do zen-budismo e (d)o Bhagavad Gita", concluindo com uma não usual *bricolage*, bem ao estilo *new age*, quando diz de sua crença em que "os futuros homens e mulheres novos terão de ser necessariamente filhos do casamento entre Ernesto Che Guevara e Teresa de Ávila" (1996: 163).

O Fim do Socialismo Real e a busca de um novo paradigma pela "Teologia da Libertação"

Outra hipótese que aventamos para as inovações teológicas praticadas por Boff e Betto encontra-se em torno da crise da "Teologia da Libertação", fruto do desmonte do socialismo real e na qual estava ancorada, e responde à busca para a constituição de um novo paradigma, não mais referenciado preferencialmente no marxismo como viés para sua "opção pelos pobres".

Segundo Steil, "a crise do socialismo (...) redefin[e] a posição (...) dos teólogos da libertação" (1993: 40). O comprometimento desta corrente teológica com o modelo soviético se expressou numa avaliação positiva da experiência socialista na URSS e nos demais países do Leste europeu, que levou Boff a escrever em 1988, às vésperas do desmoronamento do sistema comunista, que este funcionava como "uma sociedade liberta do 'reino das necessidades', onde a infraestrutura da vida está amplamente realizada: trabalho para todos, saúde para todos, educação para todos, comida para todos, moradia para a maioria" (Steil, 1993: 33) e frei Betto a afirmar que o socialismo real triunfou, "criando uma equitativa distribuição social de bens e serviços e estabelecendo o mais humano de todos os sistemas econômicos que a humanidade conheceu até hoje, excetuando-se certos núcleos indígenas" (Steil, 1993:35).

Todavia, diante da falência generalizada do *socialismo real*, frei Betto reconhece que "as mudanças no Leste Europeu obrigam a esquerda brasileira, inclusive a Teologia da Libertação, a revisar sua concepção de socialismo e a rever os fundamentos do marxismo" (Steil, 1993: 36). A extensão do que significou esta derrota, e o que ela revelou, é vivida por Betto de uma forma dolorosa, como algo sacrificial, a ser purgado para se alcançar a redenção. Isto é percebido na metáfora empregada por ele: "assim como a Aids toca o cerne da vida, a falência do socialismo toca o cerne de nossa utopia" (1996: 29).

Assistimos, então, na reflexão de Boff e Betto, a uma ênfase nas esferas da *utopia* e da *liberdade*, como elementos constitutivos para uma nova proposta de socialismo. Boff escreve que "importa recuperar a vigência do socialismo utópico [que] não se opõe, mas se compõe com o socialismo *científico*. Ele é urgente para o próprio socialismo real que perdeu muito de sua utopia" (Steil, 1993: 34). Enfatizando a questão da liberdade, afirma: "a derrocada desse tipo de socialismo é benéfica para todos. Sua função é purificar o núcleo verdadeiro da utopia socialista (...) e abrir espaço para a liberdade" (Steil, 1993: 36). Betto, por sua vez, critica "o positivismo que induziu os regimes socialistas europeus a concepções científicas mecanicistas, ao economicismo, enfim, à ideologia tecnocrática" (Steil, 1993: 37), para ele, o socialismo real "socializou os bens materiais, mas acabou por privatizar o sonho" (Steil, 1993: 35).

Contudo, observamos que esse despojamento com relação ao marxismo e renúncia ao legado do socialismo soviético, que vimos em Boff, não se encontra da mesma maneira em Betto. Ele avalia diferentemente de Boff as repercussões da queda do *socialismo real*, assim como o significado de sua experiência de poder e a relevância de suas teorias: "o modelo soviético (...) faliu. Perguntaram-me se foi bom. Não sei. Desconfio de que não foi bom por um lado (...) o socialismo soviético, comparado com os países do Terceiro Mundo, foi um avanço na medida em que lá as pessoas não morriam de fome" ou "toda autocracia do socialismo tem muito mais a ver, em minha análise, com o modelo imperial russo do que com os próprios fundamentos do socialismo, no caso, o marxismo e leninismo" (Betto, 1996: 41-43). Pensamos, como hipótese, que existiria na contestação de Boff em relação a contestação de Betto, um viés iconoclasta de ruptura com doutrinas e modelos, aliada a um sentimento de independência quanto a qualquer pertença em coletivos, que o segundo não acompanharia o primeiro em toda a sua radicalidade. A trajetória de cada um e o lugar de cada um, hoje, poderiam ilustrar essa hipótese.

Neste trecho do artigo "A implosão do socialismo autoritário e a Teologia da Libertação" de Leonardo Boff (1990: 84), percebemos os prenúncios de uma concepção holístico/místico/ecológica como plataforma para a causa dos pobres (ainda que sob o formato redutor do projeto socialista), que se expressaria de uma forma mais acabada nas obras posteriores, como *Ecologia: Grito da Terra, Grito dos Pobres* (1995), *Ecologia, Mundialização, Espiritualidade* (1993) e *Nova Era: A Civilização Planetária* (1994):

> estimo que no futuro da humanidade, devido à ameaça que pesa sobre todos de um eventual apocalipse nuclear e ecológico, o fator socialista predominará na constituição de uma sociedade mundialmente ampliada (Boff, 1990: 80, grifo nosso).

Notamos, na reflexão, a presença, ainda que de forma embrionária, da perspectiva *planetária*, tanto na identificação da crise quanto nas expectativas de sua superação, porém já revestindo qualitativamente seu projeto de socialismo.

Em nossa opinião, na continuidade das reflexões de Boff, o paradigma da *mundialização*, do *místico* e do *ecológico* ganhará força, ao passo que o projeto do socialismo, enquanto instrumental da causa dos pobres, perderá significação. Para Boff, isto não significa perda de radicalidade, nem arrefecimento à "opção pelos pobres". Ao contrário, considera que o foco está nos pobres e não nas doutrinas: "Quais minhas convicções básicas, é o socialismo ou são os pobres e oprimidos? A questão básica são os pobres e oprimidos porque se for o socialismo, e este for à falência, eu vou à falência junto" (1996: 52).

A queda do *socialismo real* também é apontada como marco para a assunção do paradigma *holístico* pelas religiosas inseridas nas comunidades pobres do Nordeste. No mesmo sentido que disse Boff acima, o depoimento de uma religiosa aponta para a manutenção do "compromisso com os pobres", mudando, porém, para ela, a "perspectiva mental e vivencial". Para ela, a base para a espiritualidade, pastoral e política, tomou a "via da integração", ao invés da anterior "via da oposição e do conflito". Como consequência, ela passa a combinar "compromisso libertador com a busca da subjetividade e da realização individual mais interiorizada", visto que "a temática da luta, da política não era suficiente para preencher e dar sentido às vidas humanas" (Medeiros, 1997: 47).

Transversalidades, comunicações e afinidades eletivas entre a teologia de Boff e de Betto e a Nova Era

A rejeição às estruturas das instituições religiosas, aliada à condição comum de "nomadismo" e "errância" no percurso religioso, estabelece uma afinidade eletiva entre Boff e o movimento da Nova Era. Podemos constatar a acolhida do teólogo aos adeptos da Nova Era nesta fala a revista *Planeta*:

> eu creio que os membros da Nova Era são seres de um novo paradigma que não encontraram, nas instituições espirituais e religiosas atuais, um espaço e uma resposta para suas perguntas. Então, fazem um caminho que é uma espécie de alquimia com muitos elementos. Mas qual é o desafio que a Nova Era coloca? Ela toma elementos do Oriente, da tradição cristã, da física quântica, da nova cosmologia, da tradição dos arquétipos de Jung, dos místicos de

> diferentes procedências e compõe o tapete. O problema não é ver o sincretismo como pura justaposição, mas ver a síntese interior que a pessoa faz. A partir de dentro ela elabora uma experiência que lhe permite um mergulho no sagrado, uma percepção do divino. A Nova Era está na fase de movimento e experimentação... São pessoas jovens que buscam o novo rosto de Deus, o novo quadro espiritual, uma nova linguagem do religioso (Liano Jr., 1997: 23).

Por estar situado em um exílio do mundo católico institucional, Boff é visto pelo mundo *new age* como uma espécie de mártir da instituição, que merece ser acolhido. Seu público passa a vir, não apenas dos movimentos renovadores do catolicismo, como as CEBs e as Pastorais, mas dos "movimentos da nova consciência religiosa". Falando uma linguagem permeada pelos códigos transteológicos, Boff termina por atingir esse público, que a rigor não se interessaria por alguém vindo do Cristianismo.

Embora, hoje, a imagem de Boff transcenda o catolicismo, há uma ligação dele com a tradição cristã-católica essencial, uma fidelidade dele a suas raízes, que transparece nos exemplos que dá, nos mestres que segue – como Francisco de Assis e Duns Scotto – e em sua espiritualidade, baseada em um núcleo crístico fundamental, ainda que isto seja feito com muita flexibilidade.

Por outro lado, o novo investimento que Boff fez nos temas de uma Ecologia profunda, da Física Quântica, da Filosofia Oriental etc., permite o estabelecimento de uma *linguagem franca* que o liga e o torna inteligível ao mundo *new age*. Além disso, o domínio que ele demonstra desses conhecimentos, que revelam o estudo rigoroso marcado pela disciplina intelectual do Doutor em Teologia Sistemática, faz dele perante o público new age um *guru*, um *suniasy*, um "mestre iluminado".

Boff não fala em nome de uma só doutrina, sua perspectiva é crística, e não cristocêntrica, e privilegia em sua comunicação a *experiência religiosa*. A proeminência que ele obteve no universo da Nova Era se deve à experiência de profunda espiritualidade que comunica a seu entorno. Sua conexão com um sentido que ultrapassa o discurso rigoroso e formal termina por ligar a assistência dos que o acompanham numa dimensão de fé.

As falas de Boff, marcadas por um profundo tom de inspiração, galvanizam a atenção de fóruns repletos, em ambientes de concentração e silêncio. Colhemos alguns depoimentos sobre esse fato, assim como tivemos a oportunidade de presenciá-lo no "Encontro Aquariano de João Pessoa", no Carnaval de 1997, e também no Ciclo de Debates "Fim XX Milênio", promovido no Planetário, no Rio de Janeiro, em 30 de junho de 1996. Encontramos, então, uma feliz empatia entre Boff e sua nova assistência *new age*, em que este público o elege e ele, por sua vez, também privilegia a convivência com esse meio. O público *new age* encontra nele uma mística profunda, não aprisionada aos cânones religiosos, e o teólogo encontra nesse público um estímulo a "voos" cada vez mais livres, a partir das indagações que lhe são colocadas no contato que travam.

Boff não tem tido o pudor dos teólogos com pertença institucional de aceitar o diálogo com personagens do meio dito, holístico, esotérico ou *new age*: como o encontro no simpósio "O Espírito da Saúde, integração das terapias perenes e modernas", com Pierre Weil, Jean-Yves Leloup e Roberto Crema, personagens vistos com desconfiança pelos setores tradicionais e intelectuais da Igreja, como dom Estevão Bettencourt (Bettencourt, 1993: 555-556), ou como o diálogo com adeptos da chamada *Psicologia das Vidas Passadas*, com Patrick

Drouot, autor de *Reencarnação e Imortalidade* e *Cura Espiritual e Imortalidade*, que teve seu último best-seller *Memórias de um viajante do tempo* traduzido para o português pela editora Record (1997), ou ainda em conceder entrevista à *Revista Planeta*, um dos órgãos da cultura *new age* no país.

No caso de frei Betto, embora continue com um pertencimento bem definido na Igreja Católica, enquanto frade dominicano e enquanto ativista engajado em movimentos da Igreja "progressista", como as CEBs e a Pastoral Operária, também encontramos nele uma grande abertura para as tendências do fim do milênio, assim como um nível de diálogo com o mundo *new age*. Sua busca pelo místico, embora menos conhecida que a de Boff, remonta ao tempo de seu engajamento político. Desde 1979 assessora grupos de oração; desde 1987 pratica meditação orientada por uma inspiração budista, zen e do Bhagavad Gita (1996: 163); desde 1965, ainda noviço em Belo Horizonte, desenvolve a mística de Santa Teresa D'Ávila, através de seu *Livro da Vida* (Betto, 1982: 81-84). Tem estabelecido um sólido diálogo com a Universidade Holística da Paz de Pierre Weil, onde mantém um workshop sobre *Mística, Oração e Espiritualidade* ao lado de outros workshops, como o de Tai chi Chuan e de Medicina Oriental, a cargo do mestre Liu Pai Ling, o de Respiração Holotrópica de Stanislav e Christina Grof, assim como ministra o seminário, *Introdução ao Cristianismo*, ao lado de outros seminários de Bioenergética, Arquetípica e Biossíntese, Síntese Transacional, Física Quântica e Astrologia (1996). Avaliamos a experiência de frei Betto como uma prática de diálogo cristão com o meio esotérico, representando uma significativa abertura, que leva o cristianismo para além dos marcos do *ecumenismo* e que areja a instituição da Igreja com uma série de reflexões e práticas provenientes desse meio.

Nos dizeres da socióloga e assessora de movimentos sociais da Igreja, Lúcia Ribeiro, de uma forma alegórica, talvez Boff expressasse a ênfase paulina de um apostolado para os gentios e Betto, a ênfase petrina de um trabalho para dentro das comunidades da Igreja, porém ambos iluminados pelo espírito universalista e cósmico.

Em vários pontos das reflexões dos dois teólogos, encontramos proximidades com uma espiritualidade *new age*: quando Boff ressalta o primado da *experiência* sobre doutrinas e instituições (1996: 36-80); quando assume a categoria *energia*, tão cara à Nova Era, como elemento de religação da totalidade cósmica, integrando todos os seres neste Todo (1996: 20, 36; 106-108). E quando Boff aspira "a experiência da não dualidade" (1996: 21; 100-102). Ou ainda quando Frei Betto retoma a perspectiva da interligação de toda a matéria do universo numa só totalidade, base de seu livro *A Obra do Artista: uma visão holística do Universo* (1995) em diálogo com o físico e místico de Findhorn, Fritjof Capra.

A afirmação de Boff de que "a Deus chegamos por todos os caminhos: o da umbanda, do candomblé, do zen-budismo, dos protestantes, dos católicos (...) do discurso científico como o de Einstein" (1996: 86) converge para a perspectiva de uma metarreligião anunciada pela Nova Era, e não se alarma ante o fim do cristianismo ou outras religiões históricas, como o fazem os críticos católicos da Nova Era.

Boff aproxima-se de uma sensibilidade *new age* ao enfatizar o Cristo, "que não é só mediterrâneo, não é só *encarnado em nossa história*", mas "está no começo da organização do mundo, da matéria (...) concebido no ventre cósmico, até nascer, [sendo] o Universo, Crístico" (1996: 140). Para Boff, a redução da experiência religiosa à esfera histórica, que privilegia a ação planejada, como via de espiritualidade – "a espiritualidade da vontade, da jaculatória, da boa intenção" –, conduz a um voluntarismo que visa apenas o mérito e a recompensa, ao passo que a imersão no plano cósmico relaciona-se à gratuidade (1996: 39). Essas afirmações distanciam-se da valoração excessiva dada à dimensão *histórica* do Cristianismo, pela "teologia esclarecida" de Vítor G. Feller, para quem a perspectiva histórica resulta necessariamente em ação transformadora ou revolucionária.

Distinguindo-se de uma "mística latina, mais na linha do êxtase e emoções", Boff retoma ao que chama de "mística germânica de São Tomás", para assinalar o Deus que "habita no centro de nós", que é "a imanência divina" presente na alma, "em nosso âmago". Segundo ele, nossa essência "é divina" e é encontrada "no mergulho na introspecção" (1996: 60). Mais uma vez aqui notamos uma aceitação por Boff de um estilo de espiritualidade que, a nosso ver, Feller critica como monista e autorreiterativa. Para Boff, o fato de o indivíduo "sentir sua totalidade, assenhorar-se dela a partir do núcleo interior onde cada um faz-se mestre de si mesmo" não redunda no "eu egocêntrico" da crítica de Feller, mas "na dialética do dar e receber, completa[r-se] sempre com os outros" (1996: 79).

Boff retoma o zen-budismo de Suzuki – o interlocutor de Thomas Merton – para dizer que a relação mística com Deus deve ser naturalizada, "como um sapato adaptado ao pé não se sente que se tem um sapato" (1996: 72), e não racionalizada. Deus aqui não aparece como um *Totalmente Outro*, referencial de perfeição a quem se aproxima ou se distancia, definindo ausência ou presença das limitações humanas ou pecado, tão enfatizado na demarcação católica da Nova Era registrada anteriormente. Da mesma forma, sobre a questão do pecado, Boff assume uma postura do Taoísmo, de acolher, incorporar e "reconhecer essa dimensão sombria" de todos nós. No entanto, a solução que ele dá para a questão não se adequa ao conformismo e individualismo, como apregoa a crítica cristã que se demarca com a Nova Era. Por reconhecer o diferente – "o ingrato e o mau" – dentro de nós e reconhecer que "Deus ama esses ingratos e maus", Boff diz que "nos reconciliamos com a outra metade de nossa psique e ficamos mais completos, mais tolerantes, criticamos menos os outros, porque conhecemos os demônios que nos habitam e conseguimos domesticá-los" (1996: 78). Ao assumir o sentido da oposição *new age* entre *self* e *ego*, Boff diz que "a maioria de nós ama apenas a própria imagem (...) narcisismo. Amar a si mesmo significa amar sua natureza ambígua e assim se aceitar plenamente" (1996: 138).

Por fim registramos a posição de Boff, que se contrapõe a uma visão adocicada da mística. Ao contrário, ele enfatiza "as grandes dificuldades, mas também o prêmio disso, que os orientais chamam Satori, a iluminação, e nós chamamos a liberdade interior" (1996: 149). Se levarmos em conta a afirmação da antropóloga Leila Amaral quando chama atenção para o processo de *sofrimento* nas vivências *new age*, aqui também Boff enfatiza, pelo menos, trazendo o caso oriental, de que o caminho alternativo ao da cruz não é só de quietude passiva ou de otimismo eufórico, como apontam os católicos que querem demarcar a Nova Era (Bergeron et alli, 1994: 103-104).

Outro ponto de afinidade entre os dois teólogos e o estilo *new age* se encontra no *sentido da comunicação*, que está presente em ambos, na capacidade de se situar diante dos acontecimentos e de se colocar em visibilidade diante dos meios de comunicação. A Nova Era tem expressado a linguagem performática da cultura pós-moderna, em cima da dimensão da existência, ao invés da *transcendência*, o que pode ser resumido em sua prática de *vivência*, ritual que converte concepções e sentimentos em ato e experimento. Embora também presente nas Igrejas institucionais, como veremos no próximo capítulo, como parte das *performances* de um papa João Paulo II, do Dalai Lama, dos pastores eletrônicos e dos padres pop-stars, como Marcelo Rossi (Carranza, 2005; Souza, 2005), podemos dizer que a *dimensão midiática* é mais um elo de *afinidade* entre a Nova Era e as figuras complexas de Leonardo Boff e Frei Betto.

Uma "mística de olhos abertos e mãos operosas"; continuidade com a "opção pelos pobres"

Embora tenhamos observado uma agilidade de múltiplas e renovadas combinações nas reflexões dos dois teólogos, uma linha de continuidade persiste como norte para ambos, que é a "opção pelos pobres".

Se em Leonardo Boff podemos assistir a uma liberdade maior em relação a referenciais fixos ou preferenciais que em Frei Betto, que parece manter um compromisso com definições partidárias, institucionais e doutrinárias – dizemos isso com respeito ao marxismo e à Igreja Católica –, o compromisso e a causa maior em ambos são com os pobres.

Segundo Betto a mística do Reino, "eu tive fome e me deste de comer. Tive sede e me deste de beber" (Mt 25,31-46), nada tem a ver com a ideia do êxtase de um monge contemplativo (1996: 50). Para ele essa mística da "opção pelos pobres" vem no sentido de recompor o projeto de Deus, inscrito no Gênesis, de abundância para todos, que foi subvertido pela injustiça humana (1996: 114). Leonardo Boff resume essa "opção pelos pobres" na oração que Jesus ensinou aos homens, "que une os dois grandes impulsos humanos: aquele que sobe, que é o *Pai nosso*, e aquele que desce, o *Pão nosso*. Não devemos separar a luta por Deus da luta pelo pão" (1996: 123). Ele acredita que o desafio da Igreja é optar pelos pobres que são 2/3 da humanidade. Para tal ela tem de se fazer "uma experiência abraâmica" de deixar o centro metropolitano de Roma e migrar para o sul, a fim de escutar o grito dos oprimidos e o grito da terra vilipendiada e ecoá-los para o centro de poder do mundo: "Se ela não fizer isso, não terá mais títulos que a qualifiquem ser a Igreja de Jesus Cristo" (Liano Jr., 1997: 18).

Para os dois teólogos, a mística enquanto força espiritual que anima a ação transformadora está presente na prática revolucionária, não no nível do discurso. Segundo Frei Betto, está presente como vivência, como doação da vida por um ideal, que reuniu tantos homens sem fé religiosa, como Gregório Bezerra, Ho Chi Minh ou Che Guevara (1996: 49). Nesse sentido, a prática política jamais conseguirá expressar a utopia que está por detrás dela, e esta *utopia* é que relativiza todo o lado objetivista da ação política. Para Boff, "a mística é (...) o motor secreto de todo o compromisso, aquele entusiasmo que anima permanentemente o militante, aquele fogo interior que alenta as pessoas... e permite manter a soberania e a serenidade nos equívocos (...) aceitar a derrota como honra que busca uma vitória com vergonha, porque fruto da traição aos valores éticos" (1996: 25). Para ele, "aí se define a mística dos olhos abertos e das mãos operosas" (1996: 52).

Enquanto as práticas *new ages* são acusadas por militantes das pastorais populares de "alienação" e "individualismo", base da crítica demarcatória de Vítor G. Feller, Leonardo Boff e frei

Betto embutem na linguagem *new age* a radicalidade da "opção pelos pobres" ou embutem na "opção pelos pobres" a linguagem new age. As experiências holísticas das congregações religiosas da Igreja Católica, nas periferias do Nordeste, junto à organização das comunidades carentes, são exemplos exitosos da combinação entre a dimensão do holismo e a preocupação com as causas sociais. No trabalho etnográfico de Tito Bartolomeu de Medeiros, ele registra que "as irmãs empregam a holística em atividades com comunidades populares" (1997: 45). Aqui é importante registrar uma também demarcação feita por essas religiosas entre Holística e Nova Era, em que a primeira é qualificada e a segunda desqualificada, no sentido de perspectiva social, e com os pobres: "o critério de integração da Nova Era, pensam elas, é a busca do bem-estar para a pessoa humana (...) mas sempre numa perspectiva individualista. Não tem nada com o processo coletivo ou comunitário (...) uma das irmãs perguntava: 'será que a Nova Era se questiona sobre a luta coletiva pelo bem-estar para todos?' Outra irmã afirmou a não preocupação da Nova Era com a dimensão comunitária ou social" (1997: 46-47).

Uma nova matriz no Catolicismo? Possibilidades de uma versão New Age do Catolicismo?

Leonardo Boff, em entrevista à *Revista Veja*, ressaltou que o Catolicismo Romano é apenas uma versão do cristianismo, "versão ocidental, judaico-romano-grega da mensagem cristã", e que existem outras versões: "a ortodoxa, a protestante e o cristianismo popular". No ensejo, estimou que novas versões deveriam surgir, como "uma versão afro-índio-latino-americana", "para que ao lado do catolicismo romano surja outro catolicismo. E eles sejam irmãos, vindos de uma mesma matriz, com tradições históricas diferentes" (Bernardes, 1996: 9). Em outra entrevista à *Revista Planeta*, diz que "se a Igreja quiser que sua mensagem e a do Evangelho sejam propostas como fonte de sentido, ela tem de se *desocidentalizar*, permitindo que as grandes culturas mundiais façam a digestão do Cristianismo a partir de matrizes culturais próprias" (Liano Jr., 1997: 19).

Para Boff importa mais "fazer a experiência que Jesus fez" e menos seu discipulado, "para nos sentirmos filhos e filhas de Deus" (1996: 111). Entendemos que com esta frase, ele busca o sentido último da experiência crística de relação com o transcendente, relativizando as doutrinas, os modelos, as formas canônicas. Sua ligação é com a anterioridade do *numinoso*, do mistérico, "ver o que está por trás de cada coisa, não ficar preso às coisas, mas fazer delas símbolos, sinais, sacramentos, imagens" (1996: 71), logo tomá-las como expressões intercambiáveis, mutáveis do que é essencial, mas inefável.

De sua perspectiva *desterritorializada*, como um free-lancer da mística, ele apregoa a validade de uma multiplicidade de versões cristãs ou modalidades de catolicismos, tantas quantas as culturas forjarem.

Portanto, apenas como hipótese, somos levados a pensar se poderia estar se gestando no Catolicismo um movimento inspirado no mesmo clima holístico, ecológico, místico e terapêutico que inspira como caldo de cultura a Nova Era? Se a inclusividade universalista do *katholikoi*, que moldou a Igreja segundo o princípio da *circumdata varietate* (De Lubac, 1986:

28-31) não comportaria um espaço para uma versão *holística* e *new age*, que ao lado de outras mais antigas e consolidadas, pudesse ser expressão e sintoma das tendências deste milênio?

Conforme detectamos anteriormente, algumas das manifestações arroladas podem significar o irromper – até de uma forma esparsa, que não deixa de ter uma característica *new age*, assentada nas "redes informais", ou até do cristianismo apostólico, uma igreja pulverizada na residência de seus membros e não nas catedrais – de novas modalidades de crenças e práticas na Igreja Católica, que resgatam e dignificam a *sombra* milenar que tem pairado sobre ela.

Atividades que têm se passado em seminários regionais e diocesanos, onde se praticam "técnicas de oração, meditação e relax (...) ligados à holística" (Medeiros, 1997: 46); que são temas de retiros de religiosas em torno da vivência "dos quatro elementos primordiais da natureza: terra, ar, água e fogo, nos quais Deus é buscado e adorado" (Medeiros, 1997: 47); no uso de alimentação natural, vegetarianismo e homeopatia nos conventos (1997: 44); no uso de uma medicina holística em clínicas onde a dimensão espiritual norteia o processo de cura que recupera um "Jesus taumaturgo, inclinado para as debilidades físicas, psíquicas, morais do povo, fornece um referencial importante para a espiritualidade dos agentes religiosos e leigos, bem como alimenta a mística do trabalho terapêutico" (1996: 49), na remissão a São Francisco de Assis e a Teilhard de Chardin. Todas essas manifestações são recorrentes nas práticas e na espiritualidade das religiosas e religiosos que compatibilizam a fé cristã com a holística (1997: 45). Por fim dentre todas as referências aparece com destaque: "Leonardo Boff em suas últimas obras" (1997: 45).

Realiza-se desta forma a grata ideia de que o teólogo e sua produção teológica só fazem sentido se esta reflexão e obra estiverem sintonizadas com as comunidades. Se nossa hipótese for minimamente aceitável, podemos sugerir que as reflexões de Leonardo Boff e Frei Betto em seus recentes escritos se encontram novamente ligadas aos movimentos que buscam *uma nova forma de ser Igreja*, não na perspectiva totalizante do hegemonismo, mas na multiplicidade das *redes* informais, sinal de nossos tempos!

8

Devoções católicas na Pós-Modernidade: Das romarias e santuários ao turismo religioso, marketing religioso e altares virtuais[8]

"Devoções", conceito e prática que no Brasil remete fundamentalmente ao contexto *católico*. Contexto diversificado composto, tanto pelas "devoções populares" do chamado catolicismo popular, tradicional, barroco, quanto pelas "devoções canônicas" realizadas e referendadas no âmbito da ortodoxia da Igreja Católica Romana, ou ainda na interseção entre as duas instâncias.

Com o Concílio Vaticano II e o processo de modernização que se deu na Igreja Católica, isto redundou na internalização do sentimento religioso numa relação subjetiva do indivíduo com Deus em detrimento das manifestações "exteriores" de culto, levando a um gradativo abandono da prática das devoções.

---

[8] O capítulo 8 é a versão modificada do artigo "As muitas faces das devoções: das romarias e santuários ao turismo, marketing religioso e altares virtuais", publicada em *Fragmentos de Cultura*, vol. 16, n. 3/4, 2006, p. 257-270.

No entanto, na visão de Oro, verifica-se hoje um processo de "retorno à devoção", com vistas a estancar a migração de católicos para o pentecostalismo, em que setores conservadores da Igreja passaram a implementar a "dinamização (retomada e recriação) de importantes práticas religiosas populares/tradicionais que nos últimos anos (...) a partir do Concílio Vaticano II (...) mereceram menor atenção" (Oro, 1996: 97). Dentre essas cita: "devoção aos santos e veneração de suas imagens nas igrejas, práticas ritualísticas de bênçãos (de moradias, pessoas, água e objetos), terços em família, novenas, missões populares, processões e romarias (...) liturgia das Horas (...) jejum e penitência às sextas-feiras, e celebração de encomendação dos defuntos e das missas de 7º e 30º dias" (Oro, 1996: 97).

Steil, ao invés de "retorno" em função de conjunturas, prefere sublinhar algo que "permanece do catolicismo na cultura brasileira", enquanto "estruturas de longa duração" que se atualizam constantemente. Essas dimensões devem ser vistas "não como sobrevivências do passado no presente", mas como "contemporâneas e estruturantes de nossa visão de mundo e de nosso ethos cultural" (Steil, 2001, 9-10).

Mas o que dizer das devoções diante do contexto contemporâneo que observamos nos capítulos anteriores, com seus fenômenos da globalização, meios midiáticos e de informação eletrônica (internet), de pluralismo religioso, da desinstitucionalização e transversalidade da religião em outros domínios da sociedade, do "mercado religioso", do turismo religioso? Sem dúvida esses novos estilos e percepções se impregnam nas devoções, remoldando-as.

Steil assegura que "o catolicismo tradicional permanece ativo, reinventando-se (...) através da interação e diálogo (...)

com *as novas formas de crer que ganham visibilidade nos movimentos religiosos como o da Nova Era* (Steil, 2001: 17, grifo nosso). E mesmo Oro também reconhece que se, de um lado, observa-se "um retorno a um catolicismo anterior ao Concílio Vaticano II", de outro, verifica-se "*o uso de práticas semelhantes às das religiões concorrentes*" na atualidade (Oro, 1996: 99, grifo nosso).

Desta forma, trata-se de examinar a situação das devoções enquanto "estruturas de longa duração" sujeitas a transformações na cultura contemporânea. Gostaríamos então de propor o exame das mutações ocorridas na devoções em quatro modalidades: as aparições marianas, as romarias, o culto do santo e a prática religiosa regular do católico.

Aparições marianas: da vidência à "locução interior"

O modelo das "Aparições Marianas" consolidou-se a partir do século XIV, em que a Virgem aparece a pobres, iletrados, crianças, pessoas situadas nos extratos inferiores da sociedade, como exemplos a um índio (Guadalupe), pescadores (Aparecida). Através dos humildes vem anunciar seu papel de "advogada do povo" ante um Deus irado, entre prenúncios do "Juízo Final", clamando à conversão dos pecados e prometendo proteção aos que lhes forem fiéis (Steil, 2003). Embora as aparições se deem em função de uma conjuntura (guerras, crises, situações locais), estes eventos sócio-históricos se incorporam e se expressam em uma tradição milenar bíblico-apocalíptica (Steil, 2003).

Nos séculos XIX e XX como adaptação do catolicismo tradicional ao processo de secularização e racionalismo provenientes da modernidade (opondo milagre x ciência, campo x cidade), a hierarquia da Igreja vai preocupar-se com os critérios de veracidade dos milagres, o que garante seu controle sobre a interpretação e o culto, instituindo centros de peregrinação como Lourdes, Fátima e La Salette.

A partir dos anos 1980 ocorre um *boom* de aparições a videntes/mensageiros, não apenas aqueles do contexto "popular", mas uma associação desses com o *movimento carismático católico* apoiado em uma ampla divulgação midiática. O caso emblemático é a aparição de Medjugorje, na ex-Iugoslávia, que liga o evento local à globalização através da mídia e do turismo. Não é mais necessário peregrinar ao local, mas acessar o site da aparição na *internet*. Ocorre também um deslocamento do significado das mensagens das camadas populares para as classes médias, rompendo-se a estrita pertença confessional católica para apropriações "espiritualistas" "esotéricas", *new ages* afeitas a esses grupos sociais (Steil, 2001, 2003).

O Movimento Carismático, devido a sua composição social de classes médias e ao capital intelectual que possui, termina por tirar as aparições de seu isolamento rural, organizando uma rede de apoio e divulgação dessas, mediando o acontecimento com a mídia ou divulgando-o em suas emissoras. Também organizam a circulação das videntes – das distintas aparições locais – por paróquias de diversas cidades do país e da Europa (Steil, 2001).

Através do movimento carismático, o fenômeno das aparições é inserido no mercado globalizado de bens simbólicos e na cultura de massa global. Eis alguns indicadores dessas mutações:

1) Configura-se uma passagem da "vidência" para a "locução interior". Do primeiro caso, enquanto mensagem proferida pela Virgem visível em sua corporalidade ao vidente para a "locução interior" como fala desmaterializada do Sagrado na própria consciência do receptor, o que implica na introdução da noção de *subjetividade* em ambientes tradicionais.

2) As aparições não espelham apenas a estrutura social-cultural interna à comunidade (local-rural). Também são introduzidas em suas práticas rituais um novo repertório de hinos e gestos rituais de origem carismática através de CDs e DVDs do padre Marcelo Rossi, que pouco a pouco produzem um desligamento das referências locais, criando uma dinâmica de transversalidade expressa tanto no fluxo dos turistas-romeiros, quanto nas viagens da vidente e na propaganda carismática através de seus meios de comunicação (Steil, 2001, 2003). Enfim, menos a ideia de "Centro Sagrado" e mais a de "Rede do Sagrado".

3) Ao contrário da histórica posição oficial da Igreja e do clero no fenômeno das aparições, que recorria à ciência apenas para atestar o caráter de sanidade psíquica dos videntes e devotos, distinguindo as esferas do "milagroso" das do "natural", no modelo carismático a ciência é usada para provar o milagre, funcionando como uma linguagem para a experiência religiosa (Csordas apud Steil, 2003: 33), a exemplo dos "laboratórios" de materialização de "espíritos" do kardecismo e na parapsicologia e "psicologia das vidas passadas" *new age* (guardadas as devidas diferenças de narrativas e crenças).

Das peregrinações e romarias às peregrinações do "self" e o "turismo religioso"

Peregrinações são jornadas longas de um lugar de origem a um centro sagrado, como forma de ascese e mística para um retorno renovado para o lugar de onde se partiu (Steil, 2003b). Romarias são deslocamentos de cunho mais comunitário, com aspectos devocionais de penitências e promessas; ora com ênfase na autonomia do culto aos santos de cunho popular e tradicional; ora complementando-se com o institucional e clerical que controla e dá suporte a tais eventos (Fernandes, 1982; Sanchis, 1997b).

Às romarias e peregrinações tradicionais sucedem-se então o "turismo religioso" e o que chamamos de "peregrinações do *self*", cujo caso paradigmático é o "Caminho de Santiago de Compostela".

Quanto ao primeiro caso, propomos que se pense "turismo religioso" como uma expressão contemporânea da experiência religiosa, quando a atividade do turismo é incorporada ao domínio do religioso, no entanto mediada por elementos mercadológicos e de consumo.

Tomamos como base para essa caracterização as reflexões de Carlos Steil, em seu estudo de caso de nome "Peregrinação e Turismo: o Natal em Gramado e Canela" (1998). Para o autor, o "turismo religioso", ao contrário das peregrinações e romarias nas quais prevalece a fusão do indivíduo no sagrado comunitário, baseia-se no primado do indivíduo e de sua identidade produzida pela "lógica do distanciamento" em relação ao evento religioso (1998: 6).

O Natal em Gramado e Canela é centrado na atividade do consumo a partir de uma variedade de oferta de produtos turísticos: Feira de Natal, Parque de Diversão, Festival Gastronômico, iluminação feérica, fogos de artifício, espetáculos multimídia com corais, presépio vivo, parada com Papai Noel, fadas e duendes etc.

Segundo Colin Campbell, o consumo é uma das formas de autorrealização e autoexpressão do indivíduo moderno (Campbell, 1995). Desta forma a diversão, o consumo e o espetáculo podem ser tomados como a experiência religiosa desses indivíduos turistas através de uma religiosidade difusa e eclética, muito de acordo com a sensibilidade new age contemporânea. É uma experiência do Sagrado que se realiza no mercado (com todas as implicações de conteúdo de classe e exclusão social que ela possa significar) (Steil, 1998, 12). O caso de Gramado e Canela implica em partilhar do "espírito de Natal" através do usufruto de bens e serviços, sem a mediação de nenhuma igreja ou instituição religiosa, mas do próprio mercado como mediador do Sagrado (Steil, 1998, 12).

Por outro lado, a articulação de "motivações religiosas, comércio, turismo e entretenimento vem [também] ganhando espaço na Igreja Católica", segundo Souza (2005: 117-118). Particularmente o Santuário de Aparecida-SP, segundo este autor, vem aportando investimentos para atração de fiéis nessa nova modalidade, como o "Shopping dos Romeiros", um complexo comercial com dezenas de lojas para os visitantes (2005: 117). Também promoveram a instalação de um Parque Temático no entorno do Santuário e do Centro Comercial ao lado da Basílica com praça de alimentação, palco e telão, onde são exibidos videoclipes, e com o estacionamento da Basílica, explorado comercialmente a exemplo dos shopping centers brasileiros. Excursões ao local são organizadas pela RCC, que incluem hospedagem em hotéis e passeios a pontos turísticos da região (2005: 118). No entender de Silveira, que também estudou o Santuário de Aparecida, para além da Igreja Católica trata-se de um complexo de atores sociais que circulam e competem em torno da "peregrinação, turismo e lazer". E menos que redução desse complexo a questões mercadológicas, há toda uma "eficácia simbólica" articulando esta teia de relações (Silveira, 2003b).

No segundo caso, é o das peregrinações nos ditos "Caminhos", como o de Santiago de Compostela. Tomamos também aqui, como base para esta caracterização, o trabalho de Sandra Carneiro sobre o Caminho de Santiago (2003).

Para esses novos peregrinos modernos, o caminho a ser percorrido corresponde a uma experiência de autoconhecimento. Desvinculados das instituições religiosas, eles buscam nas caminhadas uma experiência interior, apropriando-se de imagens do patrimônio católico e de símbolos religiosos gerais, que também sustentam o "turismo religioso". Enfim, uma jornada psicológica, mais uma "jornada da alma em sofrimento" que uma "jornada do corpo em sofrimento" como nas peregrinações e romarias tradicionais (Frey, 1999 apud Carneiro, 2003).

Carneiro considera que na dinâmica do Caminho conjugam-se dois movimentos, o da "Nova Era", que se apropria e reinventa o Caminho com conotações subjetivistas de autoconhecimento, e o da "Nova Europa", quando a Comunidade europeia explicita seus interesses políticos, econômicos e culturais de valorização da região (2003: 265). Ou seja, uma articulação da perspectiva do individualismo moderno com a infraestrutura de uma moderna rede de agências de turismo, hotelaria e pousadas, e das administrações de prefeituras locais na definição, difusão e suporte das rotas. Tal modelo se replica nos recém-criados "Caminhos" no Brasil: o da Fé (Aparecida--SP), o da Luz, o das Missões, o de Anchieta etc.

"Fazer o Caminho" distancia-se do modelo católico das peregrinações e romarias, pois não implica em cumprimento de promessa, alcance de graça ou de milagre, mas fundamentalmente em "realizar o percurso". O "caminho é o fim em si mesmo" (2003: 276), o que resulta em autotransformação pessoal e empenho em viver e difundir na sociedade os valores despertados durante o Caminho, dentro de um circuito de redes e comunidades virtuais de internautas em home pages e sites.

Da festa do santo aos altares virtuais

As devoções aos santos tanto em sua faceta mais "popular" ou mais "canônica" encontram-se hoje articuladas às novas tecnologias da linguagem virtual e cibernética (Lopes, 2003) e a estilos da vida moderna.

Segundo Silveira, o culto aos santos está presente na internet em sites de diversas dioceses e ordens religiosas. E uma prova da opção da Igreja Católica pela linguagem virtual para praticar sua "comunhão dos santos" foi a consagração, pelo papa João Paulo II, de Santo Isidoro de Sevilha como o padroeiro da internet.

Mas é nos sites dos movimentos ligados à RCC que o fenômeno ganha toda a sua dimensão. O portal da Comunidade Canção Nova termina com o link intitulado "Santo do Dia", com uma pequena imagem, biografia e oração do santo comemorado pela Igreja. Além disso, traz links especiais que podem incluir uma história detalhada da vida dos santos, peregrinações virtuais, testemunhos em tempo real, via-sacra *on-line*, salmo virtual declamado ou musicado, velas virtuais acesas (Silveira, 2004). A pesquisa de Pereira constata a existência de devoções a santos católicos em "altares virtuais" que recebem "visitas" de seus fiéis que deixam virtualmente nestes sites velas, incensos, pedidos de graça e votos de agradecimento (Pereira, 2004).

Por outro lado, novas formas estéticas e performáticas de comemorar os santos despontam, como nesta eloquente etnografia apresentada por Silveira (2003) de uma festa de jovens carismáticos intitulada *happy day* em contraposição ao *halloween* (dia das bruxas), realizada no dia "de todos os santos". Nela os jovens comparecem fantasiados dos santos de sua predileção (Cecília, Luzia, Antônio, Bento, Francisco etc.) e dançam ao som de música tecno, rock e samba, num salão paroquial, sob os olhos vigilantes dos adultos responsáveis pela RCC local. Essa festividade mantém o sincretismo da combinação sagrado/profano da "festa do santo" tradicional, operando, contudo, com formas modernas de consumo, marketing e corporalidade. Esse mimetismo com o meio profano não leva necessariamente à secularização, pois se acrescenta a ele um novo significado, o do sagrado, no qual rock, fantasia, corpo são presididos e depurados do pecado pela ação do Espírito Santo. O "mundo decaído" é considerado como um plano no qual o jovem religioso não deve furtar-se de estar, porém com a missão de transfigurá-lo com o sagrado. No entanto, a ambiguidade presente nas festividades, do excesso, da sensualidade tende a irromper como risco de "pecado", o que é controlado através de encenações metafóricas em que os "espíritos malignos" (das drogas, sexo e violência) são perfomatizados e coreograficamente "exorcizados" numa dança de levantar e impostar as mãos com o refrão: "sai!" (Silveira, 2003a: 150).

Das práticas paroquianas ao "show missa" e o "marketing religioso"

A socióloga Brenda Carranza, em sua tese de doutoramento, fruto de uma extensa pesquisa nas formas contemporâneas do catolicismo, demonstra de forma muito convincente a ação de um "catolicismo midiático", comandando um processo de (re)catequização da Igreja no país. Esta "recatolização midiática" apresenta-se como a "versão religiosa" da sociedade de consumo e do rejuvenescimento, da subjetividade do indivíduo, do culto do corpo, do espetáculo e do entretenimento (Carranza, 2005). Desta forma, a influência do que chamamos um estilo carismático-midiático sobre a Igreja já se faz notar alterando formas usuais de práticas religiosas.

Primeiramente na irrupção de um *boom* de mística (Steil,1998), não mais restrito a poucos eleitos, profetas e místicos da Igreja, como Santa Teresa D'Ávila ou São João da Cruz, mas um fenômeno de massa, no qual qualquer um pode ser tocado pelo "dom" de orar em línguas, "repousar no Espírito", curar e profetizar. Tudo isso divulgado pela tecnologia das FMs, TVs a cabo e sites de internet.

Em seguida, assiste-se a um processo de mimetismo dessas práticas religiosas com estilos e *ethos* da vida laica moderna: das técnicas corporais, das "aeróbicas de Jesus", dos "shows-missas", dos trios elétricos de oração, das bandas de rock gospel, dos "barzinhos de Jesus", da apropriação de uma linguagem *psi* para utilização na "cura interior". Todo esse formato "de ponta", envolvendo um conteúdo conservador de oposição aos costumes mundanos: sexo antes do casamento, uso de preservativos, homossexualismo etc. Toda uma ênfase de recusa ao "pecado" combinada com uma lógica moderna subjetivista, como o lema "por hoje não vou mais pecar", adaptado do lema dos "Alcoólicos Anônimos" ou como dizeres em camisetas como "virgindade: uma opção". No texto de Silveira, de nome "Catolico.com: a presença dos carismáticos na internet" (2004), são mostradas apropriações da linguagem virtual e da terminologia juvenil como estilos da evangelização carismática, como o site da Canção Nova com uma sala de bate-papo virtual, onde a conversa é pontuada por expressões "Jesus é maneiro", "só Jesus manda bem" e os *nicknames* dos internautas são: "sodejesus", "orandoporvc", "anjointernauta", "amadopordeus" etc. Da mesma forma, até a austera e ascética Toca de Assis (comunidade de inspiração carismática de jovens "neofranciscanos" que se retiram da vida burguesa para viver junto aos pobres, vestidos em andrajos medievais e tonsurados) incorpora-se a uma sensibilidade de comunicação difundida nos meios jovens que é o *quiz*. Em sua revista "Toca", ao comemorar os dez anos de consagração das primeiras irmãs "toqueiras", a matéria da entrevista segue o estilo *quiz*, com perguntas tipo *ping-pong*, como: comida preferida, música, filme, fato engraçado, uma frase etc., com respostas "espirituais" embutidas nesses conteúdos prosaicos (Portella, 2007, 138).

Tomamos aqui o estudo de André Souza "Igreja in Concert" (2005) para mostrar essa crescente influência do estilo carismático-midiático na Igreja. Segundo o autor, é no final dos anos 1990 que a Igreja passa a reunir multidões em estádios, parques de exposição, autódromos na forma de grandes espetáculos da fé, veiculados por grandes emissoras, como a Rede Globo, comandado pelo pop star padre Marcelo Rossi, que oficia essas "show-missas" com o bispo local. Ao final da missa, inicia-se o "testemunho religioso", ou seja, o show comandado por pedre Marcelo, agora "mais artista que clérigo", quando "o altar se transforma em palco e a assembleia de fiéis em multidão de fãs" (2005, 60). Participaram desses "show-missas" artistas como Roberto Carlos, Agnaldo Rayol, Sérgio Reis, Fat Family, Chitãozinho e Chororó, Sandy e Júnior, Daniel, Roberta Miranda e Joana. Na reflexão de Souza essas são práticas nas quais o sagrado se interpenetra no profano e o entretenimento é vivido como devoção religiosa e vice-versa (2005: 50-60).

Souza também registra que, em meados dos anos 1990, a Igreja faz sua "opção pelo marketing". À maneira evangélica formam-se empresas de produção e comercialização de produtos com logomarca católica, como, por exemplo, uma parceria da Pastoral da Criança com uma indústria de brinquedo na fabricação de um urso de pelúcia que reza o Pai-nosso. Dioceses realizam campanhas publicitárias com inserção na mídia e com outdoors, assessorados por Antônio Miguel Kater Filho, autor do livro "O Marketing aplicado à Igreja Católica", que visa pautar o trabalho pastoral em planos de metas e de "qualidade total" (2005: 108) usando técnicas para identificar necessidades de um público alvo (target) (2005: 110). Dentre as associações católicas de mídia e marketing mais conhecidas estão a "Associação do Senhor Jesus", tendo à frente o padre Eduardo Dougherty, que possui um complexo de estúdios de TV especializado em gravação de novelas católicas, como "Irmã Catarina", estrelada pela atriz carismática Myriam Rios, e a TV Canção Nova, liderada pelo padre Jonas Habib, que visa propagar música sacra católica com destaque para bandas e cantores católicos.

A avaliação de Souza se encaminha para uma flexibilização católica na direção secularizadora do "mercado religioso" em que se presta um "serviço" religioso voltado para seus consumidores (2005: 118).

Distinta dessa conclusão, Braga, ao estudar a TV Canção Nova (2004), aponta para uma "prática de consumo não consumista" de bens e artigos religiosos (CDs, camisetas, bonés) através da Canção Nova, pois este circuito de consumo estaria subordinado a um "projeto divino", ainda que a compra seja para uso próprio e para a satisfação, segundo seus articuladores, "faz parte da missão de levar Deus às pessoas" (2004: 122). Funcionaria neste caso o juízo da proeminência do sagrado à razão secular, como na decisão de não fazer inserções publicitárias (de bebidas alcóolicas, cigarros e outros objetos de fruição) estranhas a sua mensagem religiosa ou na decisão de entregar a gerência dos negócios da TV à "providência divina". Desta maneira a linguagem de marketing passa por uma "conversão" que a liberta do consumismo e hedonismo, enquanto veículo de propagação religiosa. Este argumento aproxima-se do de Silveira, quando analisa acima as "festas de santo" dos jovens carismáticos, e também do de Eliane Oliveira (2004: 89), que estuda as comunicações entre a RCC e a Nova Era, quando ambos apontam nesses eventos um movimento de "sacralização do profano".

Conclusão

Concluindo, pode-se pensar o enquadramento de toda essa complexidade em duas vias.

Uma primeira que situa essas experiências dentro do quadro de destradicionalização, no sentido que lhe emprestou Giddens, da *reflexividade*, ou seja, na medida em que a tradição necessita justificar sua presença para se legitimar dentro da lógica da modernidade, ela perde seu caráter de dimensão dada, fundada em si mesma, e então já se configura como inserida em contexto pós-tradicional (Giddens, 2001). A questão que fica é se as devoções que atravessaram séculos simplesmente se reiterando como foros de certeza, hoje, num contexto em que, para convencer, tem de autojustificar-se permanentemente, como podem manter-se enquanto narrativas da tradição?

Como derivação dessa lógica, o que resulta é mais uma adesão de fãs clubes do que "devoções", estas regidas por uma razão secularizada e utilitária, assim como pela lógica do "mercado e do consumo de bens religiosos"; e, por outro lado, uma "desubstantivação" dos conteúdos das devoções e pertenças para experiências subjetivas, movidas pelo emocionalismo, em uma religiosidade difusa. Em ambos os lados, assiste-se a uma capitulação e desmaterialização da religião em favor do secular ou do subjetivo.

Uma segunda via é a que vê o Catolicismo como uma estrutura de longa duração que se estende no correr dos tempos, incorporando e recombinando-se com novas formas, tendências e estilos de percepção e simbolização, resultando numa configuração sempre na mesma direção e formato (Steil, 1996; Sanchis, 1994).

Nesse caso, a irrupção da reflexividade não leva necessariamente à destradicionalização (Steil, 2004: 12), mas a uma *convivência* e *negociação* entre *autonomia* e *tradição* que tem como resultante inserções das novas formas na estrutura consolidada, no entanto sem se reduzir a ela e até a ultrapassando, mas não se confrontando com ela de maneira a suprimi-la. Dentro dessa dinâmica, na estrutura católica, há espaço para modos alternativos de crer que criam tensões em algumas instâncias, e não em outras, e que permitem o surgimento de elementos renovadores sem levar a rupturas, enfim que levam a "que se saia da Igreja, ficando dentro dela [e que] se proponha a mudá-la ao mesmo tempo que se ajude a mantê-la" (Mariz, 2003: 185).

Se preferimos optar por uma via ou por outra, como chave analítica, o fato é que os estudos sobre o Catolicismo contemporâneo não podem mais se pautar pela clássica mirada dos embates e complementações de catolicismo "romanizado" com as "religiões populares", ou das práticas religiosas da Igreja católica em função da conjuntura política e relação com os movimentos sociais (Montero, 1999: 332-338).

Teremos, então, que estender a "porosidade" do Catolicismo no campo religioso não apenas com as religiões afro-brasileiras e mediúnicas, mas, como vimos no capítulo anterior, com toda a "nebulosa místico-esotérica" dos "novos movimentos religiosos", *new age*, "orientalismos" e "neoesoterismos", que povoam o panorama religioso atual. Assim como deveremos ampliar o foco de interpretação de sua relação com a política e os movimentos sociais para um olhar sobre sua interface com o *espaço público* (seja para confrontá-lo e/ou incorporá-lo) em toda a complexidade das novas tecnologias: internet, mídia, marketing, pesquisa das células-tronco, e dos novos estilos: consumo de massa, turismo, culto do corpo, feminismo, "orgulho gay" e ecologia.

Bibliografia

AMARAL, Leila. "Nova Era: um movimento de caminhos cruzados", in: *Nova Era: um desafio para os cristãos.* São Paulo: Paulinas, 1994, p. 9-50.

__________. *Carnaval da Alma: comunidade, essência e sincretismo na Nova Era.* Petrópolis: Vozes, 2000.

ARMSTRONG, Karen. *Uma História de Deus.* São Paulo: Companhia das Letras, 1994.

AZEVEDO, Henrique Osvaldo Fraga. "A Evolução do Catolicismo em Juiz de Fora (1741-1925)", in: *Rhema. Revista de Filosofia e Teologia do Instituto Teológico Arquidiocesano Santo Antônio.* Juiz de Fora, n. 10, 1995, p. 87-98.

__________. "A Evolução do Catolicismo em Juiz de Fora (1741-1925)". *Rhema. Revista de Filosofia e Teologia do Instituto Teológico Arquidiocesano Santo Antônio.* Juiz de Fora, n. 11, 1997, p. 103-121.

AZEVEDO, Marcello S. J. "Inculturação – Tensões da Unidade na Diversidade", in: *Atualidade em Debate,* n. 29, 1994.

AZZI, Riolando. *"A Romanização na Igreja",* in: *O Estado Leigo e o Projeto Ultramontano.* São Paulo, Paulus, 1994, p. 59-71.

__________. *O Exercício da Caridade na Sociedade Brasileira* (mimeo), Rio de Janeiro, CEHILA, 1994b.

__________. *Sob o Báculo Episcopal. A Igreja Católica em Juiz de Fora 1850-1950.* Juiz de Fora, Centro de Memória da Igreja de Juiz de Fora, 2000.

BARTHOLO, Roberto. "Da Linguagem dos Pássaros: sobre o Encontro das Religiões feito Diálogo", in: *Diálogo de Pássaros,* São Paulo, Paulinas, 1993.

BENEDETTI, Luís Roberto. *Os santos nômades e o deus estabelecido: um estudo sobre religião e sociedade*. Paulinas, 1986.

BERGER, Peter. *O Dossel Sagrado: elementos para uma teoria sociológica da religião*. São Paulo, Paulus, 1985.

BERGERON, Richard, BOUCHARD, Alain, PELLETIER, Pierre. *A Nova Era em questão*. São Paulo: Paulus, 1994.

BERNARDES, Ernesto. *Revista Veja*. 16 de agosto de 1996. Entrevista com Leonardo Boff, "Teologia da Colisão", p. 9-13.

BETTENCOURT, Dom Estevão. "Nova Era", in: *Pergunte e Responderemos*, n. 379, 1993, p. 555-556.

BETTO, Frei. *Batismo de Sangue: os dominicanos e a morte de Carlos Mariguella*. Rio de Janeiro, Civilização Brasileira, 1982.

__________. "Eucaristia e Socialismo", in: *Mística e Espiritualidade*. Rio de Janeiro: Rocco, 1996, p. 41-43.

__________. "Autobiografia Espiritual", in: *Mística e Espiritualidade*. Rio de Janeiro: Rocco, 1996, p. 163.

BETTO, Frei. *A Obra do Artista. Uma Visão Holística do Universo*. São Paulo, Ática, 1995.

BOFF, Leonardo. "Avaliação Teológico-Crítica do Sincretismo", in: *Revista de Cultura Vozes*, n. 7, 1977.

__________. "O Reencarnacionismo e a Doutrina Atual acerca da Escatologia", in: *Vida para além da Morte*. Petrópolis, Vozes, 1980, p. 161-166.

__________. "A implosão do socialismo autoritário e a Teologia da Libertação", in: *Revista Eclesiástica Brasileira (REB)*, 50 (197): 76-92, mar, 1990.

__________. *Ecologia, Mundialização, Espiritualidade*. São Paulo: Ática, 1993.

__________. *Nova Era: A Civilização Planetária*. São Paulo: Ática, 1994.

__________. *Ecologia: Grito da Terra, Grito dos Pobres*. São Paulo: Ática, 1995.

BOFF, Leonardo e BETTO, Frei. *Mística e Espiritualidade*. Rio de Janeiro: Rocco, 1996.

Bouekf, Ana Maria Zinsly. *Ressurreição e Reencarnação* (mimeo.). Departamento de Ciência da Religião da UFJF, Juiz de Fora, 1995.

Bourdieu, Pierre. "Gênese e Estrutura do Campo Religioso", in: *A Economia das Trocas Simbólicas*. São Paulo: Ed. Perspectiva, 1987, p. 27-78.

Braga, Antônio Mendes C. "TV Católica Canção Nova: 'Providência e Compromisso' x 'Mercado e Consumismo'", in: *Religião e Sociedade*, vol. 24/1, 2004, p. 113-123.

Camargo, Cândido Procópio. *Kardecismo e Umbanda*. São Paulo: Pioneira, 1961.

__________. *Católicos, Protestantes e Espíritas*. Petrópolis: Vozes, 1973.

Camurça, Marcelo. "Ciência e Tecnologia como 'Religiões Seculares': abordagens contemporâneas", in: *Teologia e Ciência: Teologia da criação, ciências naturais e tecnologia em diálogo*. Eduardo Cruz (org.). São Paulo: Paulinas, 2011.

Carranza, Brenda. *Movimentos do Catolicismo Brasileiro: cultura, mídia e instituição*. Tese de Doutoramento, Universidade Estadual de Campinas, 2005.

Carrara, Virgínia. *Gênese e Difusão do Espiritismo no Estado de Minas Gerais* (mimeo.). Departamento de Ciência da Religião da UFJF, Juiz de Fora, 1996, p. 15-16.

Carneiro, Sandra M. C. de Sá. "Caminho de Santiago de Compostela: percurso, identidade e passagens", in: Birman, Patrícia (org.). *Religião e espaço público*. São Paulo: Attar, 2003, p. 259-281.

Carvalho, José Jorge. "Características do Fenômeno Religioso na Sociedade Contemporânea", in: *O Impacto da Modernidade na Religião*. São Paulo: Loyola, 1992, p. 148-151.

__________. "O Encontro de Velhas e Novas Religiões: Esboço de uma Teoria dos Estilos de Espiritualidade", in: *Misticismo e Novas Religiões*. Petrópolis: Vozes/USF, 1994.

Castro, Nilson G. de. "Fatos Históricos", in: *O Semeador*. Agosto de 1986.

Cavalcanti, Maria Laura Viveiros de Castro. *O Mundo Invisível. Cosmologia, Sistema Ritual e Noção de Pessoa no Espiritismo*. Rio de Janeiro: Zahar, 1983.

Christo, Maraliz de Castro Vieira. *A "Europa dos Pobres": a belle-époque mineira*. Juiz de Fora: EDUFJF, 1994.

Dammann, E. *Grundiss der Religiongeschite*. Sttugart, 1972.

Damazio, Sylvia. *Da Elite ao Povo. Advento e expansão do Espiritismo no Rio de Janeiro*. Rio de Janeiro: Bertrand Brasil, 1994.

Da Matta, Roberto. *Carnaval, malandros e heróis*. Rio de Janeiro: Zahar, 1979.

D'Andrea, Anthony. *O Self Perfeito e a Nova Era: individualismo e Reflexividade em Religiosidades Pós-Tradicionais*. Tese de Doutoramento, IUPERJ, 1996.

__________. "Cristianismo New Age: o caso de Paulo Coelho", in: *Revista Magis*, n. 20, 1996b.

__________. *O Self Perfeito e a Nova Era: individualismo e Reflexividade em Religiosidades Pós-Tradicionais*. São Paulo: Loyola, 2000.

Daneels, Godfried. "Cristo ou Aquário?", in: *Nova Era: um desafio para os cristãos*. São Paulo: Paulinas, 1994.

Deleuze, Giles. *Mil Platôs*. Vol. 5, Editora 34, 1996.

Delgado, América (médium). *Os Funerais da Santa Sé pelo espírito de Guerra Junqueiro*. Guanabara, Federação Espírita Brasileira, 4ª edição, 1974, p. 60-61.

Della Cava, Ralph. *O Milagre em Joaseiro*. Rio de Janeiro: Paz e Terra, 1976.

__________. "Igreja e Estado no Brasil do século XX. Sete monografias recentes sobre o catolicismo brasileiro, 1916/64", in: *Estudos CEBRAP*, n. 12, 1976, p. 5-52.

De Lubac, Henri. "Circumdata Varietate", in: *Comunicações do ISER*, n. 22, 1986, p. 28-31.

Dennis, Leon. *O Espiritismo e o Clero Católico*. Rio de Janeiro, CELD, 1991 (1ª edição, 1923).

Dreher, Martin. "Esboço de História do Protestantismo no Brasil", in: *Curso de Verão,* Ano III, São Paulo: Paulinas, CESEP, 1984.

Drouot. Patrick. *Memórias de um Viajante do Tempo.* Rio de Janeiro, Record: Nova Era, 1997.

Dumont, Louis. *Homo hierarchicus: le système des castes et ses implications*. Paris: Gallimard, 1966.

__________. *Homo aequalis I: gênese et épanouissement d l'iéologie économique*. Paris: Gallimard, 1977.

Feller, Vítor Galdino. "Nova Era e Fé Cristã: Mútua Exclusão!?", in: *Revista Eclesiástica Brasileira (REB),* n. 55, junho, 1995.

Fernandes, Rubem Cesar. "Aparecida, nossa rainha, senhora e mãe, saravá!", in: *Brasil & EUA: Religião e Identidade Nacional.* Rio de Janeiro: Graal, 1988.

Geffré, Claude. "A fé na era do pluralismo religioso", in: Teixeira, Faustino (org.). *Diálogo de pássaros: nos caminhos do diálogo inter-religioso.* São Paulo: Paulinas, 1993, p. 66.

Giddens, Anthony. *Em defesa da sociologia: ensaios, interpretações e tréplicas*. São Paulo: UNESP, 2001.

Giumbelli, Emerson. *O Cuidado dos Mortos. Uma História da Condenação e Legitimação do Espiritismo*. Rio de Janeiro: Arquivo Nacional, 1997.

__________. *Em nome da Caridade, Assistência Social e Religião nas Instituições Espíritas*. Vol. I, Rio de Janeiro, Núcleo de Pesquisa ISER, 1995.

__________. *Em nome da Caridade. As Obras Sociais Espíritas no Município do Rio de Janeiro*. Vol. II, Rio de Janeiro, Núcleo de Pesquisa ISER, 1996.

GREINACHER, Norbert. "Identidade Católica na Terceira Era da História da Igreja", in: *Concilium*, 1995.

HEELAS, Paul. *The New Age movement*. Oxford: Blackwell, 1996.

HERVIEU-LÉGER, Danièle. *La religion pour mémoire*. Paris: Cerf, 1993.

__________. *Catholicisme, la fin d'un monde*. Paris: Bayard, 2003.

HESS, David. "O Espiritismo e as Ciências", in: *Religião e Sociedade* n. 14/3, 1987, p. 42-48.

JOÃOZINHO, Pe. SCJ. *Nova Era e Fé Cristã*. São Paulo: Loyola, 1994.

KARDEC, Alan. "Capítulo V – Considerações sobre a pluralidade das existências", in: *O Livro dos Espíritos,* São Paulo, IDE, 1975.

KLOPPENBURG, Frei Boaventura. "Contra a Heresia Espírita", in: *Revista Eclesiástica Brasileira* (REB), vol. 12, fasc. I, 1952.

__________. *O Espiritismo no Brasil. Orientações para os católicos.* Petrópolis: Vozes, 1964.

LIANO JR., Nelson. "O Herege Iluminado", in: Entrevista com Leonardo Boff. *Revista Planeta*, edição 296, Ano 25, n. 5, maio 1997, p. 20.

LIBÂNIO, João Batista e BINGEMER, Maria Clara. *Escatologia Cristã.* Petrópolis: Vozes, 1985.

LOPES, José Rogério. "Imagens e Devoções no Catolicismo Brasileiro. Fundamentos Metodológicos e Perspectivas de Investigação, in: *Rever,* n. 3, 2003, site <http://www.iesb.br/sipec/revista>.

MACHADO, Ubiratan. *Os Intelectuais e o Espiritismo*. Rio de Janeiro: Edições Antares: Brasília: INL, 1983.

MAGNANI, José Guilherme. *Mystica Urbe: um estudo antropológico sobre o circuito neoesotérico na metrópole*. São Paulo: Estúdio Nobel, 1999.

MARIZ, Cecília Lorêto. "A Renovação Carismática Católica: uma igreja dentro da Igreja?", in: *Civitas. Revista de Ciências Sociais*, vol. 3, n. 1, 2003, p. 169-186.

MARTINS, Walter. *Como entender a Nova Era*. São Paulo: Ed. Vida, 1994.

MEDEIROS, Frei Tito Figueroa de. "Nova Era e Catolicismo: universos e experiências", in: *Atualidade e Debate*, n. 50, 1997, p. 43.

MICELI, Sérgio. "A Gestão Diocesana na República Velha", in: *Religião e Sociedade*. Rio de Janeiro, n. 12/1, 1985, p. 92-111.

MONTERO, Paula. "Religiões e dilema da Sociedade brasileira", in: *O que ler na Ciência Social brasileira (1970-1995)*. Vol. 1 Antropologia. Brasília: Ed. Sumaré/ANPOCS/CAPES, 1999, p. 327-367.

MOURA, Sérgio Lobo & ALMEIDA, José Maria Gouvêa. "A Igreja na Primeira República", in: FAUSTO, Boris (org.). *História Geral da Civilização Brasileira*. Tomo III, O Brasil Republicano, 2º vol., Rio de Janeiro/São Paulo: Difel, 1977, p. 321-342.

NERY, Israel José. "Nova Era: Elementos para uma visão crítica", in: *Convergência*, n. 290, abril, 1995, p. 176-186.

NOVAES, Regina Reyes. "Religião e Política: Sincretismos entre alunos de Ciências Sociais", in: *Comunicações do ISER – A Dança dos Sincretismos*, n. 45, ano 13, 1994.

__________. "Identidade Religiosa no Brasil: possibilidade de um Perfil?", in: *Atualidade em Debate*, n. 9, 1992.

NOVAES, Regina Reyes & FONSECA, Alexandre Brasil & NASCIMENTO, Rosicléa. "Caridade em Ação. Os Vicentinos no Rio de Janeiro: Ditos e Feitos", in: *Pobreza e Trabalho Voluntário. Estudos sobre Ação Social Católica no Rio de Janeiro*. Rio de Janeiro, Núcleo de Pesquisas, ISER, 1995.

OLIVEIRA, Eliane Martins. *"O mergulho no Espírito de Deus: diálogos (im)possíveis entre a Nova Era e a Renovação Carismática Católica na comunidade de Vida no Espirito Canção Nova*. Dissertação de Mestrado em Ciências Sociais, UERJ, Rio de Janeiro, 2003.

Oliveira, Eliane Martins. "'O mergulho no Espírito Santo': interfaces entre o catolicismo carismático e a Nova Era (o caso da Comunidade de Vida no Espírito Canção Nova)", in: *Religião e Sociedade*, vol. 24/1, 2004, p. 85-112.

Oliveira, Mônica Ribeiro de. *Vivendo a História.* Juiz de Fora: EDUFJF, 1994.

Oliveira, Pedro Ribeiro. *Religião e Dominação de Classe. Gênese, estrutura e função do Catolicismo Romanizado no Brasil.* Petrópolis: Vozes, 1985.

Oliveira, Simone Geralda. *A Fé Raciocinada na "Atenas" de Minas: Os primeiros anos do Espiritismo em Juiz de Fora (1880-1930)* (mimeo). Curso de Especialização em História do Brasil, UFJF, Juiz de Fora, 1998.

Oro, Ari Pedro. *Avanço Pentecostal e Reação Católica.* Petrópolis: Vozes, 1996.

Ortiz, Renato. *A Morte Branca do Feiticeiro Negro.* São Paulo: Brasiliense, 1999.

Pereira, Mabel S. *O Culto dos Santos Católicos no Brasil: permanências e novas combinações* (mimeo.), 2004.

Piazza, Waldomiro. *Religiões da Humanidade.* São Paulo: Loyola, 1991.

Piette, Albert. *Les religiosités séculières.* Paris: PUF, 1993.

Piquet Carneiro, Leandro e Soares, Luís Eduardo. "Religiosidade, Estrutura Social e Comportamento Político", in: Bingemer, Maria Clara (org.). *O impacto de modernidade sobre a religião.* São Paulo: Loyola, 1992.

Portella, Rodrigo. *Vinho Velho em Odres Novos: a Toca de Assis e as novas sensibilidades religiosas.* Projeto de Qualificação, Programa de Pós-Graduação em Ciência da Religião, Universidade Federal de Juiz de Fora, 2007, 156 p.

Prandi, Reginaldo. *Um sopro do Espírito: a renovação conservadora do catolicismo carismático.* São Paulo: EdUSP, Fapesp, 1997.

PRISCIANDARO, Vittoria. "Solo il messagio de Cristo è garanzia di vera salvezza". *Jesus*. Dicembre 1995, p. 22, in: TEIXEIRA, Faustino. "Novos Paradigmas resultantes do Diálogo Inter-Religioso". *Teologia e Novos Paradigmas*. São Paulo: Loyola, 1996, p. 113, nota 20.

QUEIRUGA, Andrés Torres. *El dialogo de las religiones*. Santander, Sal Terrae 1992, in: TEIXEIRA, Faustino. "Novos paradigmas resultantes do diálogo Inter-Religioso". *Teologia e Novos Paradigmas*. São Paulo: Loyola, 1996.

SACHS, John R. "Ressurreição ou Reencarnação?" in: *Concilium*, n. 249, 1993, p. 99-106.

SANCHIS, Pierre. "Uma 'identidade católica'?", in: *Comunicações do ISER*, n. 22, 1986, p. 5-16.

__________. "Pra não dizer que não falei de sincretismo", in: *Comunicações do ISER*, n. 45, 1994, p. 5-11.

__________. *Arraial, la fête d'un peuple. Les pélerinages populaires au Portugal*. Paris: Ed. de l'École des hautes Études en Sciences Sociales, 1997b.

SILVEIRA, Emerson José Sena. "O 'Pop' no espírito. Festa, consumo e artifício no movimento carismático/pentecostal", in: PEREIRA, Mabel Salgado & CAMURÇA, Marcelo Ayres (orgs.). *Festa e Religião: imaginário e sociedade em Minas Gerais*. Juiz de Fora: Templo Editora, 2003a, p. 137-158.

__________. "Turismo e Consumo: a religião como lazer em Aparecida", in: ABUMANSSUR, Edin Sued (org.). *Turismo Religioso. Ensaios antropológicos sobre religião e turismo*. Campinas: Papirus, 2003b, p. 69-105.

__________. *Catolico.com: a presença dos carismáticos na Internet* (mimeo.), in: *XXIV Reunião Brasileira de Antropologia*, Olinda, Pernambuco, junho de 2004.

__________. "Tarô dos santos e heresias visuais – um catolicismo new age?", in: CARRANZA, Brenda, MARIZ, Cecília, CAMURÇA, Marcelo (orgs.). *Novas Comunidades Católicas: em busca do espaço pós-moderno*. Aparecida: Ideias & Letras, 2009.

Soares, Brito. *Vida e Obra de Bezerra de Menezes*. Rio de Janeiro: FEB, 1963.

Souza, André Ricardo. *Igreja in Concert. Padres cantores, Mídia e Marketing*. São Paulo: Annablume, Fapesp, 2005.

Steil, Carlos Alberto. "Viagens à Terra Prometida. Uma análise dos relatos de viagem dos teólogos da libertação aos países socialistas", in: *Comunicações do ISER*, 1993, n. 44.

__________. *Peregrinação e Turismo: O Natal em Gramado e Canela* (mimeo), in: *XXII Reunião Anual da ANPOCS*, Caxambu, MG, outubro de 1998.

__________. *O Sertão das Romarias: um estudo antropológico sobre o Santuário de Bom Jesus da Lapa, Bahia*. Petrópolis: Vozes, 1996.

__________. "Aparições marianas contemporâneas e carismatismo católico", in: Sanchis, Pierre (org.). *Fiéis & Cidadãos. Percursos de sincretismo no Brasil*. Rio de Janeiro: Eduerj, 2001, p. 117-146.

__________. "As Aparições Marianas na história recente do Catolicismo", in: Steil, Carlos Alberto, Mariz, Cecília, Reesink, Mísia Lins (orgs.). *Maria entre os vivos. Reflexões teóricas e etnografias sobre aparições marianas no Brasil*. Porto Alegre: Ed. UFRGS, 2003, p. 19-36.

__________. "Peregrinação, Romaria e Turismo Religioso: raízes etimológicas e interpretações antropológicas", in: Abumanssur, Edin Sued (org.). *Turismo Religioso. Ensaios antropológicos sobre religião e turismo*. Campinas: Papirus, 2003b, p. 29-51.

Teixeira, Faustino. *Teologia e Novos Paradigmas*. São Paulo: Loyola, 1996.

Tillich, Paul. *Christianity and the encounter of the world religions*. New York, Columbia University Press, 1964.

Toolan, David. "Reencarnação e Gnose Moderna", in: *Concilium* 249, 1995/5, p. 42-58.

Van Rossum, Rogier. "Reencarnação dentro do contexto do Espiritismo e da Umbanda", in: *Concilium*, n. 249, 1992, p. 68 [728]-80 [740].

Velho, Otávio. "Religião e modernidade: roteiro para uma discussão", in: *Besta Fera: Recriação do Mundo.* Rio de Janeiro: Relume Dumará, 1995, p. 207-219.

Warren, Donald. "A terapia espírita no Rio de Janeiro por volta de 1900", in: *Religião e Sociedade.* Rio de Janeiro, 11/3, 1984, p. 69-720.

Wulfhorst, Ingo. "Der spiritualistisch-cristliche Orden. Ursprung und Erscheinnungsformen einer neureligiöse en Bewegung", in: *Brasilien*. Erlangen, 1985.

Periódicos

Folha Carioca. "Rogerio Neuhaus. Missionário de Amor-Luz e Redenção", 5ª ed., Rio de Janeiro, 1985, p. 34.

O Lampadário, Igreja Católica, Diocese de Juiz de Fora (1926-1929).

O Médium, Aliança Municipal Espírita (Edição Especial do 40º aniversário da AME).

O Pharol, Juiz de Fora (1882-1912).

O Reformador (1883-1950), Federação Espírita Brasileira (FEB).

O Semeador, Centro Espírita "União, Humildade e Caridade" (fascículos de 1921-1923).

Documentos

Pastoral Collectiva dos Bispos da Provincia Eclesiastica Meridional do Brasil. Rio de Janeiro, Typographia Leunzer – realizada no Santuario de Aparecida, São Paulo – 1-7 de Setembro de 1904.

Documento Federação Espírita do Brasil, 1904.

I Congresso Católico Mineiro – Trabalhos e Resoluções. Ouro Preto: Typografia "O Regenerador", 1910.

Carta Pastoral de D. Fernando Tadei. Bispo de Jacarezinho, São Paulo, 1931.

"A Igreja e o Espiritismo", D. Justino José Sant'Ana, de 1957.

"Juramento de Fidelidade à Igreja", D. Justino José Sant'Ana, de 1957.

Constituição da Igreja Católica/1983 c.212 & 2s.

Programação da Universidade Holística Internacional. Fundação Cidade da Paz. Associação Campus Avançado UNIPAZ-RJ 1996.